JN063088

相続・事業承継に強い!
頼れる士業・専門家
50選

2024年版

編者 BMS 株式会社 実務経営サービス

三和書籍

はじめに

相続・事業承継の問題は誰に相談すればよいのか

本書を手に取ってくださった方は、相続や事業承継の悩みを抱え、誰に相談したらよいのか思案されていると思います。

相続や事業承継の相談をするなら、その相手は相続や事業承継の専門家にすることを強くお勧めします。なぜ専門家に相談すべきなのか。ここではその理由についてご説明します。

例えば相続の悩みはいろいろありますが、大きな悩みのひとつは税金、つまり相続税でしょう。そこで相続税を例に、相談相手の選び方をご紹介します（もちろん、相続の悩みは税金だけではありません。家や土地を相続したときの手続きや、親が借金を抱えていたときの対処方法などいろいろあります。しかし、ここでは分かりやすい例として、相続税を挙げさせていただきます）。

払いすぎた税金が戻ってくる?

相続税は税金ですが、税金の専門家といえば税理士です。ですから、相続税の悩みは、税理士の事務所である会計事務所であれば、どこに相談してもよさそうに思えます。しかし、本当にそうなのでしょうか。

ホームページなどで「払いすぎた相続税が還付される可能性があります」と謳い、相続税の還付手続きを支援するサービスを提供している会計事務所を目にすることがあります。

そのような謳い文句を見ると、「本当にそうなの？」と思うでしょう。なぜなら、相続税を納めた人の大半は、専門家である税理士に手続きを依頼しているはずだからです。それにもかかわらず、相続税の還付を受ける人は実際に数多くいます。なぜでしょうか。

相続税が還付される仕組み

「税理士の数だけ相続税がある」といわれます。相続税は税理士のスキルによって計算される税額が異なる可能性が高いのです。なぜ、このようなことが起こるのでしょうか。

相続税を計算する基礎となるのは、相続財産の算出です。現金、預貯金、不動産、有価証券、生命保険、ゴルフ会員権など、さまざまな相続財産がありますが、税理士によって評価額が大きく異なるのは不動産です。

図表 1　相続税還付が可能な期間

相続開始日	法定申告期限日	更正の請求期限日
相続税申告期間（10カ月）	相続税還付が可能な期間（法定申告期限日から5年間）	

現金や預貯金の評価が税理士によって違うということはありませんが、不動産の評価は税理士によってかなり違うのです。

不動産に詳しい方なら、路線価が相続税の算出の基礎となっていることはご存じでしょう。相続の対象となる土地の面積に路線価を掛けることで、その土地の評価が算出されます。これで何の間違いもありません。

その一方で、多くのケースで土地の評価を落とすことができ、それが見過ごされている場合が多いのです。相続税の還付手続きサービスは、この点に着目し、相続税を計算し直すのです。

形が不整形であったり、高低差があったり、規模が大きかったり、高圧線が通っていたりするなど、土地の評価が下がるケースはいくつかあります。そして意外と間違いが多いのが、小規模宅地等の特例の適用誤りです。

小規模宅地等の特例は、被相続人が生前居住していた自宅を、配偶者や同居する子供が相続した場合、その宅地の相続税評価額を80%減額できるなど、節税効果が極めて高い特例です。

しかし、例えば被相続人が施設に入居していても適用できる場合や、被相続人と生前同居していなくても持ち家がなければ適用できる場合があるなど、制度が複雑です。さらに毎年のように改正されることから、適用誤りが多く見られます。この制度は節税効果が高いことも相まって、ちょっとした誤りが大きな影響を与えてしまいます。

また、商売繁盛を祈願してお稲荷(いなり)さんの祠(ほこら)が庭にあるという商家も珍しくありません。宗教的な施設として、この部分については課税されないケースもあります。

「そんなことを知っても、相続税を払ってしまってからでは遅いですよね」

いいえ、そのようなことはありません。相続税法には更正の請求ができると定められています。相続税の申告期限から5年以内であれば、払いすぎた税金の還付を求めることができます。

そして、相続税の申告期限から5年を経過すると、原則として還付を受けることはできません（図表1）。

図表2　税理士ひとりあたりの年間相続税申告件数

年間相続税申告件数		登録税理士数		税理士ひとりあたりの年間相続税申告件数
約 17.0 万件	÷	約 8.1 万人	≒	約 2.1 件

参考資料：国税庁ウェブサイト「令和3年分　相続税の申告事績の概要」（令和4年12月）
日本税理士会連合会ウェブサイト「税理士登録者・税理士法人届出数」（令和5年6月末現在）

相続税の申告経験が豊富な税理士は意外に少ない

相続税の申告は税理士業務のなかでも特殊な分野で、経験豊富な税理士はごく少数です。経験豊富な税理士が少ない一番の理由は、会社の税務顧問や所得税の確定申告の数と比べて、相続税申告の総数が少ないためです。

これは国税庁などの統計情報からも明らかとなっており、年間の相続税申告件数を税理士の総数で割った値は約2.1件となっています（図表2）。つまり、相続税の申告を1年間に2件くらいしか扱わない税理士が大半なのです。

お医者さんにも外科、内科、皮膚科、耳鼻科といった専門分野があるように、税理士にも法人税、所得税、消費税、相続税といった専門分野があります。

腹痛なら内科医に、ケガなら外科医に診てもらうように、相続税の申告は相続税専門の税理士に依頼すべきなのです。相続税専門の税理士に依頼することには、次のような極めて大きなメリットがあります。

①相続税の節税ができる

相続税専門の税理士に依頼する大きなメリットのひとつが、相続税の節税です。相続税申告は数多くの特例や、複雑な土地の評価基準、各種財産の評価方法に至るまで、専門的なノウハウや経験、そして知識が必要になります。例えば土地評価ひとつを考えても、評価する税理士によって数千万円の差が生じることも少なくありません。

②税務調査に入られにくくなる

相続税の税務調査が入ると、調査官からプライベートな質問を受け、家屋内から家族の銀行預金まで調べられることがあるので、精神的負担が大きく、調査はなるべく回避したいものです。実は相続税申告書には、税務調査に入られにくい作り方というものがあります。相続税に強い会計事務所には、そのような申告書を作るノウハウがあり、税務調査を受ける可能性を大幅に軽減できるのです。

相続問題の相談は相続の専門家に

相続のときに問題になるのは税金のことだけではありません。

例えば、遺産の分割方法を巡り、親族同士が泥沼の争いになるというのはよく聞く話です。このような問題は一度もめると長引き、当事者同士で解決することは容易ではありません。

しかし、このようなときに弁護士が間に入れば、法的根拠にもとづき状況を整理し、各当事者が納得できる結果が得られる可能性が高くなります。特に、遺言を巡るトラブルや、後妻や連れ子への相続といった、解決が容易ではない問題の解決には、弁護士のような専門家の助けが大きな力となるでしょう。

こうした問題の相談も、実績が豊富な法律事務所に依頼したほうがよいことはいうまでもありません。

このように、相続に関する問題は、相続支援を得意とする税理士や弁護士、司法書士などの、相続に強い士業・専門家に相談するのがベストです。これは事業承継の問題に関しても同様です。

本書について

本書は、相続・事業承継の悩みを抱える方のために、それらに強い士業・専門家を紹介することを目的に制作されました。

本書の編者である株式会社実務経営サービスは、会計事務所向けの経営専門誌「月刊実務経営ニュース」を20年以上発行している会社です。同誌発行のため、会計事務所や司法書士事務所、法律事務所などを年間200事務所以上取材しており、取材活動を通じて、全国の士業事務所や専門家とのネットワークを築いています。

本書の制作にあたっては、実務経営サービスのネットワークのなかから、相続・事業承継支援を強みとしている士業・専門家を選定し、掲載を要望しました。

本書の使い方

本書は3部構成になっています。第1部では、相続・事業承継に強い50の士業・専門家を紹介しています。よく読んでご自分に合ったところを選び、気軽にお問い合わせください。

そして第2部では相続に関する基礎的な知識、第3部では事業承継に関する基礎的な知識について解説しています。本書で紹介した士業・専門家は、いずれも相続・事業承継の知識がない相談者にも対応してくれますが、第2部と第3部をあらかじめ読んでおいていただくと、意思の疎通が円滑になるでしょう。

相続・事業承継に強い！
頼れる士業・専門家50選

エリア別一覧

北海道・東北エリア

東京エリア

関東エリア

東海エリア

信越・北陸エリア

近畿エリア

中国・四国エリア

九州・沖縄エリア

相続・事業承継に強い！ 頼れる士業・専門家50選 2024年版　目次

第1部

相続・事業承継に強い！
頼れる士業・専門家50選

ここでは、相続・事業承継の相談に乗ってくれる50の士業・専門家を紹介します。各士業・専門家の特徴を整理してまとめてありますので、紹介文をお読みいただき、自分に合ったところを見つけてください。

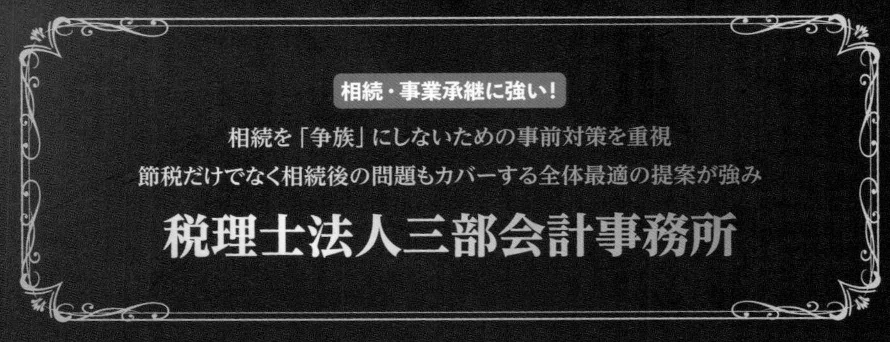

相続・事業承継に強い！

相続を「争族」にしないための事前対策を重視
節税だけでなく相続後の問題もカバーする全体最適の提案が強み

税理士法人三部会計事務所

三部吉久代表

相続案件に精通するスタッフの皆さん

税理士法人三部会計事務所（福島県郡山市）は、開業から59年の老舗会計事務所。企業の健全な成長を支えるため事業承継のサポートに重点を置き、年間平均50件の相続案件もこなしている。相続では遺産分割が最重要との観点から、遺言書作成や生前贈与などの生前対策を重視し、相続が円満かつスムーズに進むよう顧客の事情に合わせた提案を行っている。

経営者のよき相談相手として事業承継を重点的にサポート

税理士法人三部会計事務所は、昭和40年に開業、代表の三部吉久を含む7名の税理士、総勢69名のスタッフが所属しています。また、9社のグループ企業を有し、グループ全体では112名に上ります。

当事務所のお客様は、創業当時からお付き合いのある企業や起業を志す若者など幅広い層の方々です。「経営者のよき相談相手となり、企業の健全な成長をサポートする」というポリシーを掲げ、事業承継を重点的にサポートしています。

遺言書作成や生前贈与など生前対策を重視

当事務所は、顧問先の相続対策や相続手続きに加え、関連士業や不動産会社、既存のお客様から紹介されたケー

スも含めると、年間約50件の相続案件を扱っております。

なかでも、相続においては「遺産分割」が最重要という考えのもと、遺言書作成や生前贈与などの生前対策を重視し、お客様の相続がスムーズに行えるよう心がけています。

当事務所の経営理念に「全体最適」という言葉がありますが、相続においても税金だけに着目せず、全体最適を目指した提案をさせていただいております。

円満な相続の実現に向け 相談者の想いを汲んだ対策を提案

当事務所の大きな特徴は、「相続」が「争族」にならないよう、円満な相続を目指していることです。

まずは、自分の財産や家族の状況を正しく把握することが、相続対策の第一歩です。相続について考えるとき、相続税の節税対策はもちろんですが、「争族」にならないための遺産分割対策、納税をどうするか、二次相続以降のこと、相続後の遺族の生活、心の問題など、総合的に検討したうえでの判断が必要となります。

遺言を作成する際には、単に財産の分け方を決めるだけではなく、想いを伝えることが非常に大事です。当事務所では個々の家庭の事情に合わせて、想定される状況に対応できるようご提案いたします。

初回無料の相続相談窓口を設け ベテランスタッフが丁寧に対応

当事務所は相続相談窓口を設置しており、ベテランスタッフがお客様の相談にお応えしています。

相続を初めて経験される方のご相談にも丁寧に対応し、わかりやすくご説明するように努めています。初回相談は無料ですので、ぜひお気軽にお問い合わせください。

親族間の争いのない、円滑な相続を実現するためにも、まず相続事前対策の相談に訪れていただくことを強くお勧めしています。

税理士法人三部会計事務所

代表者：三部　吉久（税理士／東北税理士会郡山支部）

職員数：69名（税理士7名）

所在地：〒963-8023　福島県郡山市緑町16番1号

ホームページ：https://www.sanbe.co.jp

相続相談窓口：電話 024-922-1300

メール info@sanbe.co.jp

北海道・東北
東京
関東
東海
信越・北陸
近畿
中国・四国
九州・沖縄

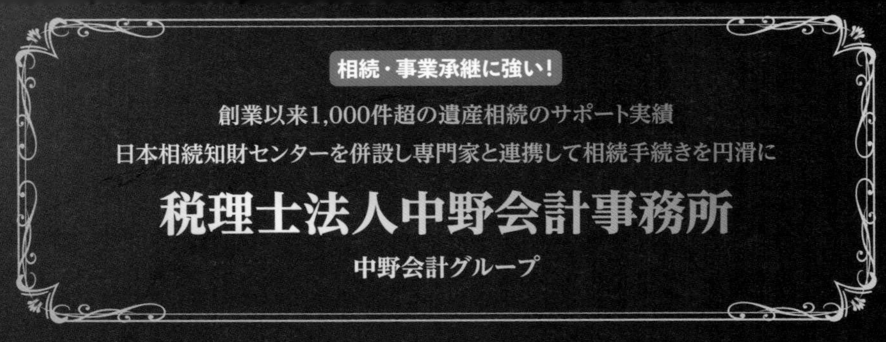

相続・事業承継に強い！

創業以来1,000件超の遺産相続のサポート実績

日本相続知財センターを併設し専門家と連携して相続手続きを円滑に

税理士法人中野会計事務所

中野会計グループ

中野幸一代表

税理士法人中野会計事務所（北海道共和町ほか）は、60年以上の歴史を持つ会計事務所。一般社団法人日本相続知財センターを併設し、他士業の専門家とも連携して相続のトータルサポートを行っている。

60年以上の歴史を持つ会計事務所

税理士法人中野会計事務所は、昭和37年（1962年）、北海道・岩内町にて現グループ代表の税理士中野幸一が開業した会計事務所です。現在、税理士法人には税理士8名（国税出身税理士4名・相続税専門税理士2名含む）が在籍し、その他グループ7社・総勢100名で構成するチームです。現在は、北海道岩内・倶知安・札幌・苫小牧・東京（相続中心事務所）の5拠点にて展開をしております。

尚、一般社団法人日本相続知財センターの本部機能を担っており、全国41支部（他準備中1支部）にて法人経営者・個人の相続税申告を含む相続のトータルサポートを実施しています。

創業以来業界・法人・個人を問わず1,000件以上の経験と実績

昭和37年の創業以来60年、1,000件以上の遺産相続をサポートしてきました。日本相続知財センターの開設後、ここ10数年で700件以上の相続案件を担っており、業界・法人経営者・個人問わず幅広く経験

と実績を積み重ねております。

北海道においては地域の特性上、税理士1人当たりの相続件数が年間0.5件と少なく、その実態が影響してか、駆け込み寺のように相談に来られる顧客がいらっしゃいます。そのような方への「相続税申告から更正請求の適用事例」などは、正しい納税を実現した結果、喜んでいただける事例だと思います。国税庁資産課税部門出身の税理士が在籍しており、顧客の税務申告を安心して任せてもらえる体制を構築しています。

相続税の申告にとどまらず
資産管理・増大の見地から顧客を支援

法人経営者においては、事業承継を含み企業の財布と個人の財布のバランスを捉え、部分的な対処にならないようグループ企業並びに提携する各専門家のノウハウを集結させます。そのプロセスと経験は我々としての強みであり、相続税の申告だけに留まらず資産管理・増大の見地を持った顧客サポートを実現する方針が、多くの顧客に支持をされている背景です。

また、個人の相続相談に来られる方は相続の経験があまりないことが通常です。我々は以下３点を大切に相続対策と対応サポートを実施しています。

①説明に専門用語は使わないようにしています。ですので、誰でも分かりやすく納得いただけます。
②すべてのご相談窓口を一本化します。ですので、手間も時間もかからずスムーズに進みます。
③相続の「準備」を重視します。ですので、トラブルを防いでみんなが幸せになることを優先しています。

経験豊富な相談員が常時対応する
相続専門の相談窓口を設置

当事務所は、日本相続知財センター札幌に相続専門の相談窓口を設置しており、経験豊富な相談員５名が常時対応しています。相続税申告が必要かどうか分からないなど、『何をどうしたらいいか分からない』のが相続です。まずはお電話でご相談ください。専門用語を使用せず、分かりやすさを大切に、お話をお伺いいたします。そして相談内容に応じて事前対策や最良な対応方法をご提案いたします。

一般社団法人日本相続知財センター札幌（中野会計グループ）

代表者：中野幸一（税理士／北海道税理士会小樽支部）
職員数：100名（税理士8名、社会保険労務士4名、行政書士8名）
所在地：岩内事務所（北海道共和町）、倶知安事務所（北海道倶知安町）、札幌事務所（北海道札幌市）、苫小牧事務所（北海道苫小牧市）、東京事務所（千葉県市川市）
ホームページ：https://www.nakano-ao.gr.jp/（税理士法人中野会計事務所）
https://yukari.co.jp/（一般社団法人日本相続知財センター札幌）
相続相談窓口：フリーダイヤル 0120-750-279

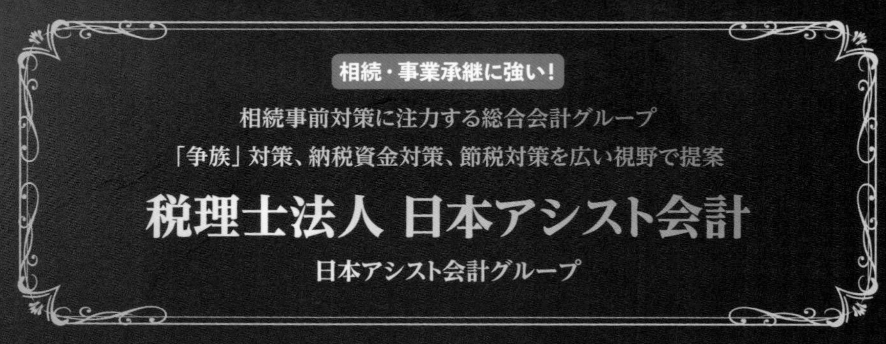

相続・事業承継に強い！

相続事前対策に注力する総合会計グループ
「争族」対策、納税資金対策、節税対策を広い視野で提案

税理士法人 日本アシスト会計

日本アシスト会計グループ

佐々木忠則代表

日本アシスト会計グループのスタッフの皆さん

日本アシスト会計グループは、北海道札幌市に拠点を構える会計事務所。「争族」を未然に防ぐ相続事前対策に力を入れており、広い視野で顧客を取り巻く状況を調査し、財産を次の世代に円満に受け渡す方法を提案する。

北海道の個人・法人に高度な支援サービスを提供

日本アシスト会計グループは、税務署OBである税理士 忠鉢繁造と、財務コンサルティング会社代表である税理士 佐々木忠則が立ち上げた総合会計グループである。その後、故 小野寺敏郎税理士と共に法人化し、現在は長年勤めてきた税理士 坂井崇晃が社員税理士に加わり現在に至っている。

佐々木代表は大学卒業後すぐに会計事務所に勤務し、相続税の申告はもちろん、個人・法人の税務申告の経験が豊富。自ら会社経営、不動産賃貸業の経験を持ち、不動産を活用した財産形成にも詳しく、相談者の評価は高い。

当事務所は毎月訪問する関与先が数百件に及び、多様な業種を支援した実績を持つ。会計・税務はもちろん、資金調達、経営改善指導、事業承継支援、M&Aなどの支援も行っている。税務を中心とした幅広い知識を活用し、お客様の思いを重視した支援を行っており、相続の支援に関しても、お客様の気持ちを大切に支援している。

広い視野で財産を次の世代に円満に受け渡す

当事務所は相続の事前対策に力を入れている。「争族」対策、納税資金対策、節税対策の3つを考え、お客様の相談事情に合わせ、柔軟な提案をしている。また、事前対策の大切さを知っていただくため、相続のセミナーや個別相談会を随時行っており、講師の依頼も大変多い。

佐々木代表は、相続に深く関係する相続税・贈与税だけでなく、他の税についても考慮し、お客様にとって最良の方向性を見いだし、財産を次の世代に円満に渡せることを心がけ、お客様に支援をしている。

ちまたでは、「税務調査が入ると、税金をさらに持っていかれる」といわれている。相続の税務調査は名義預金と財産評価が中心になるので、当事務所では申告後の調査で追徴税がないように、これらを事前に調査確認したうえで相続税の申告をしている。

さらに、適正な申告であることを税理士が保証する税理士法第33条の2の書面の添付をしている。これにより、税務署が申告内容を確認するときは、まず税理士に意見聴取をし、そのうえで税務調査の必要がないと判断すれば調査を省略することになる。

当事務所が行った申告では、近年この意見聴取だけで済んでいるケースもある。こうした追徴のない申告業務は、安心して頼れる税理士として地元の金融機関の方からも高い評価をいただいている。

急な相談にも対応する相続相談窓口を設置

当事務所は、相続相談窓口を設置しています。相続で困ったことがありましたら、お気軽にお問い合わせください。初回は無料にてご対応いたします。

急なご相談にも対応できる電話窓口も設置しています。当事務所のホームページには、お問い合わせフォームもご用意しています。

日本アシスト会計グループ（相続支援センター）

代表者：佐々木忠則（税理士／北海道税理士会札幌北支部）

職員数：22名

所在地：札幌市北区北31条西4丁目1番2号

ホームページ：http://www.assist-kaikei.co.jp/

相続相談窓口：011-727-5143　　緊急時 090-3393-3050

相続・事業承継に強い！

全国屈指の相続・事業承継のプロフェッショナルを擁する税理士法人
組織再編を活用した事業承継対策に強み

税理士法人アイユーコンサルティング
アイユーコンサルティンググループ

アイユーコンサルティンググループの皆さん（一部）

全国8拠点、総勢約100名体制のアイユーコンサルティンググループは、所属する税理士全員が資産税分野の専門家として、組織再編税制を活用した事業承継対策や相続税申告など高度なサービスを提供し、98.07%の顧客満足度を誇る。

相続・事業承継に特化し 創業以来3,300件以上の実績

2013年の創業以来、相続・事業承継案件に特化した税理士法人として延べ3,300件以上、直近1年間だけでも過去最高の704件の案件を手掛けてきました。創業地の福岡においては、西日本トップクラスの相続税申告数を誇り、2023年4月末時点で全国8拠点、総勢約100名で日々の業務にあたっています。

資産税を専門とする弊社では、所属する23名の税理士それぞれが組織再編や相続税申告など、異なる分野で強みを発揮しています。特に組織再編（株式交換、会社分割、株式移転、合併）を活用した事業承継対策は弊社の最も得意とする分野であり、会社法や税法が複雑に絡み合う本業務を提案・実行できる税理士事務所は全国でも稀有な存在です。

税務調査率は1%未満 顧客満足度は驚きの98.07%

相続税申告は、通常税理士1人につき年間1 ～ 1.5件の申告を行う程度といわれるなか、弊社は全国で年間700件を超える案

件を取り扱っています。これは一般的な税理士が担当する案件数の約30倍以上です。さらに税務調査率に関していえば、1%未満と非常に低い数値を維持しており、「書面添付制度」を積極的に活用することで、お客様にとって将来的な負担となり得る税務調査の軽減に努めています。徹底した質の高いサービスの提供により、顧客満足度も98.07%と高い評価を頂いています。

事業承継に関する著書が Amazon税法部門で1位獲得

また、全国でも数少ない相続・事業承継に特化した税理士法人である弊社は、スポット案件として先生方の顧問先の相続・事業承継案件の実行をサポートするサービスも提供しています。

2021年10月には、これまでのノウハウを集約した書籍『事業承継を乗り切るための組織再編・ホールディングス活用術』を発行。Amazon税法部門で1位を獲得するなど、 士業や経営者の方を中心に人気を博し、2023年には改訂版も出させていただきました。

相続・事業承継は次世代に 「想い」を引き継ぐ大切な節目

相続・事業承継は、次世代に対し「財産」だけでなく「想い」を引き継ぐ大切な節目です。事前に適切な対策ができていなかったことが原因で、「後継者や遺族が多額の税金を負担することになった」「親族間で争いが起こってしまった」といったトラブルが起こることも少なくありません。

そうした事態を回避するためにも、まずは現状の問題を見つけることが解決への第一歩です。しっかりと現状を見つめ直し、浮き彫りとなった課題を確実に解決していくことこそ、各企業・ご家庭の背景や想いをくみ取った対策の提案・実行へとつながっていくものとわれわれは考えています。

そのためにも、まずは専門家へご相談いただくことが、皆様の相続・事業承継問題の解決の糸口となります。

初回の無料面談も受け付けていますので、相続に不安を感じていらっしゃる方や事業承継でお悩みの方は、ぜひ弊社ホームページからお気軽にお問い合わせください。

アイユーコンサルティンググループ

代表者：岩永 悠（九州北部税理士会小倉支部）
　　　　出川 裕基（近畿税理士会北支部）
職員数：職員数：104名（2023年4月時点）
所在地：東京事務所、大阪事務所、広島事務所、
　　　　北九州事務所、福岡事務所、佐賀事務所、
　　　　埼玉営業所（株式会社IUCG）、
　　　　沖縄営業所（株式会社IUCG）
ホームページ：https://bs.taxlawyer328.jp/
相続相談窓口：メール info@taxlawyer328.com

北海道 東京 関東 東海 信越・北陸 近畿 中国・四国 九州・沖縄

相続・事業承継に強い！

資産税の専門部署を設置して最新の税法にも対応
事前相談と綿密なヒアリングによりスムーズな相続を支援

税理士法人青山アカウンティングファーム

青山アカウンティングファームグループ

松本憲二代表

税理士法人青山アカウンティングファームは、東京都港区に拠点を構える会計事務所です。開業して37年、お客様や金融機関からの多種多様なニーズに応えるべく資産税戦略室等の専門部署を設置し、お客様との対話を重視したきめ細かいサービスを提供しています。相続税申告に限らず、事業承継や相続対策、資産運用など総合的に支援できる体制が強みとなっています。

海外を含む幅広いネットワークを持つ会計事務所

税理士法人青山アカウンティングファームは、代表の松本憲二が1987年に開業した会計事務所です。松本を含む７名の税理士が所属し、スタッフの総勢は約30名です。TKCや金融機関、住宅メーカー、弁護士・社労士・司法書士などとの幅広いネットワークは海外にまで及んでおり、海外に進出する中小企業のお手伝いもさせていただいております。また、近年は非居住者の方からのご相談（国際相続案件）も増加しております。

相続の専門部署を設けて多岐にわたるニーズに対応

当事務所のお客様は、中小、中堅・大企業から個人事業主まで幅広く、業務内容もグループ通算制度支援、海外支援、税務会計支援など多岐にわたります。

中小企業の経営者様およびご親族等から

の将来的な相談に対し、相続の生前対策や事業承継などさまざまな対策を検討・提案し、相続税申告も数多く行ってきました。

また、相続税の基礎控除額の縮小による税制改正に伴い、専門部署として「資産税戦略室」を設置し、提携金融機関や住宅メーカーの税務相談員も務め、富裕層の相続税対策や事業承継対策も積極的に行っております。

2022年中は相続対策、事業承継、法人化など約50件の案件に対応し、最近では市街地再開発事業に関する相続税申告のご相談および資金計画・コンサルティングサポートを行うなど、さまざまなお客様やご紹介いただいた金融機関から納得、信頼をいただいています。

生前対策や事業承継対策の提案が強み

当事務所の相続分野の業務は、相続税申告だけではありません。生前からの相続および事業承継対策の提案を強みとしています。法人顧問契約を結んでいる中小企業の経営者様はもちろん、金融機関等からご紹介を受けたお客様からの相談に対し、自社株式の評価や現状での財産の把握、相続税の試算を入り口として、継続的な生前対策や事業承継対策を提案しております。お客様と共に考え提案して参りますので、より実感性の高い対策をご提供できます。

さらに当事務所は資産税に精通した国税局出身の税理士とも提携しておりますので、より盤石な体制でのご提案が可能です。

事前相談とヒアリングにより円滑な相続・承継をサポート

当事務所は事前相談を重視しております。主なご相談内容は「相続税の申告」、「相続対策」および「事業承継」ですが、ご相談者へのヒアリングの結果、当初の相談内容（例：相続税申告）とは別に検討すべき事項（例：二次相続、自社株、事業承継の事前準備等）が顕在化することも多く、事前相談により承継が円滑に進んだケースも多々あります。初回のご相談は無料ですので、お気軽にお問い合わせください。

税理士法人青山アカウンティングファーム

代表者：松本 憲二（税理士／東京税理士会 麻布支部）
職員数：30名（うち税理士7名）
所在地：〒107-0062　東京都港区南青山2-13-11
マストライフ南青山ビル6階
ホームページ：https://www.aoyama-af.or.jp/
相続相談窓口：電話 03-3403-8030
メール shisanzei.aoyama@tkcnf.or.jp

北海道・東北
東京
関東
東海
信越・北陸
近畿
中国・四国
九州・沖縄

相続・事業承継に強い！

創業以来地域トップクラスの2000件超の相続実績
経験豊富な相続専門スタッフが5つの安心を提供する

アシタエ税理士法人

（旧：税理士法人横溝会計パートナーズ）
相続あんしんセンター多摩

横溝大門代表

横溝代表と相続専門スタッフの皆さん

アシタエ税理士法人（東京都国分寺市）は、創業以来相続・事業承継に特化して取り組みを続ける会計事務所。多摩地域トップクラスの2000件超の相続実績を持つ。「愛と価値を未来につなげるプラットフォーム」を経営ビジョンに掲げ、会計事務所の枠を超えた人生のトータルサポートを提供する。

幅広い人材を集めた相続・事業承継の統合型支援プラットフォームを目指す

アシタエ税理士法人は、創業35年超の老舗会計事務所であり、公認会計士・税理士の横溝大門が代表を務める総勢30名程度の大型税理士法人です。税理士6名のほか、公認会計士や社会保険労務士、行政書士、銀行OBなど幅広い人材を集めた相続・事業承継の統合型支援プラットフォームを目指しております。

当社には1000先を超える中小企業や資産家のお客様がいらっしゃいますが、中でも事業承継や資産承継でお悩みの中小企業経営者様や資産家のご相談を多くお受けしております。

不動産に関する資産承継コンサルティングに強み

創業35年超の当社は、創業以来相続・事業承継に特化して取り組み、扱った相続の案件は2000件を超え、幅広い層の方からのご相談をお受けしております。一般的なサラリーマン家庭のご相続や、資産総額が20億円を超えるような超富裕層の方、または後継者問題でお悩みの中小企業経営者様など、幅広い相続の課題に対応できる特徴があります。

特に不動産に関する資産承継コンサルティングには定評があり、不動産の法人化スキームや有効活用、または売却などを通じて、どのように資産を承継していけばいいかをトータルサポートすることを得意としています。

会計事務所の枠を超え
お客様の人生をトータルでサポート

当社の相続部門の特徴は、5つの安心を提供している点です。

①多摩地域トップクラスの相続実績2000件超
②どこよりもわかりやすく明瞭な料金体系
③書面添付制度を用いた税務調査対策
④経験豊富で親身な相続専門スタッフ
⑤専門家とのネットワーク

また、相続税の申告のみならず、生前からの相続対策・資産形成対策にも力を入れております。大切な財産を「いかに増やして、いかに円滑につなげていくか」をご一緒に考えていくプランがございます。これは、当社が「愛と価値を未来につなげるプラットフォーム」になることを経営ビジョンに掲げ、会計事務所の枠を超えて、お客様の人生のトータルサポートをしていきたいという思いから派生して提供しているプランとなり、大変ご好評をいただいております。

初回無料の相談窓口を設置
ささいなことにも親身に対応

初回相談は無料となっておりますので、まずはお気軽にご相談ください。

相続や事業承継に慣れている方などいらっしゃいません。どんなささいなことでも結構です。ご相談いただければきっとお役に立てると思います。

お問い合わせ専用ホームページまたはフリーダイヤルにてお問い合わせください。

アシタエ税理士法人

代表者：横溝大門（東京税理士会立川支部）
職員数：30名
所在地：東京都国分寺市本町2-12-2
大樹生命国分寺ビル7F
ホームページ：https://www.souzoku-anshin.jp/
相続相談窓口：フリーダイヤル 0120-268-074

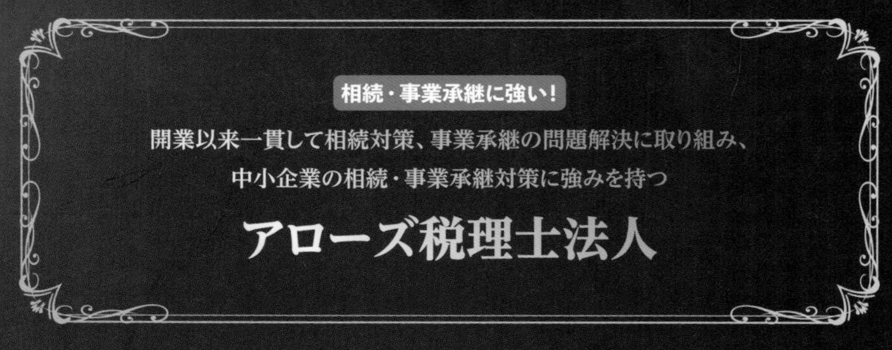

相続・事業承継に強い！

開業以来一貫して相続対策、事業承継の問題解決に取り組み、
中小企業の相続・事業承継対策に強みを持つ

アローズ税理士法人

荒生利男代表（右）と吉村和浩代表（左）

アローズ税理士法人は、東京都新宿区・墨田区と静岡県熱海市の3箇所に拠点を持つ会計事務所。業界内の最初期からM&Aに取り組むなど、特に相続・事業承継対策に強みを持つ。周辺業界や他士業と提携し、どんな相談にもワンストップで対応する。

少子化と高齢化社会

令和4年の国内の出生数が80万人を切ったそうです。我々昭和22年から26年の団塊の世代を含む5年間の出生数は、平均で250万人です。令和4年の出生数は、我々の世代の3分の1にも達しませんでした。

団塊の世代といわれている我々も73歳から77歳になっています。平均寿命が80歳を超える時代となっていますが、これから5年後、10年後、死亡者が増え、人口減少に歯止めがかからなくなるものと思われます。経済の縮小、国防に携わる人材の不足、医療従事者や介護に携わる人材の不足、その他さまざまな産業分野での人材不足が起こると思います。日本国はどのような運命をたどるのであろうかと心配しています。

事業者の減少

今の若者の就職に対する態度は、ほとんどといってよいほど大企業志向です。安定感があり、安心感もあるからなのでしょうね。荒波に立ち向かい、夢を持って起業しようという意欲のある若者が極端に少なくなっているように見受けられます。寂しい限りであります。

この10年間よりも前から、個人事業者は開業する方よりも廃業する方のほうが増えています。中小企業経営者も個人事業者と同様、法人を設立して起業する方よりも会社を解散し、清算する方のほうが増えています。我々税理士業界もこの流れには逆らうことができないでしょう。より柔軟な対応を迫られることは必定でありましょう。

会計事務所の将来と当面の活路

私が税理士試験を受験していた頃の受験者数は5万人を超えていました。ここ数年の受験者数は3万人を切っているようです。職業会計人になろうという若者が極端に減少しています。当然のことながら、人材難で困っている会計事務所がいかに多いことか。募集しても面接に来る人が極端に少ないのが実情です。

個人事業者と中小企業者の減少、さらには人材難。少子高齢化社会は我々業界に時代に合った変革を求めているように感じます。当面の活路は認知症への対応と人の死に関連する仕事への参入になるのでしょう。

相続と遺産分割

生者必滅、生物には必ず死が訪れます。平均寿命が延びているとはいえ、我々人間には必ず死が待っています。人は死の瞬間に相続を迎えます。相続人が一人の場合には争いは起こりません。しかし、複数の相続人がいる場合には、遺産をどうするかの問題が起きます。特に遺産が土地だけとか自宅しかない場合には、ほとんど争いが起こるものです。私の経験したケースで争いが起こっているのは、財産が少ないうえに欲を出す相続人がいる場合です。

相続税と対策

相続が発生した場合、相続税を支払うケースは全体の5％程度です。残りの95％には相続税が課税されません。遺産が1億円前後であれば、相続税はそれほど多くないので苦労することはあまりありません。遺産が5億円以上になると相続税の負担が多くなり、納税資金が足りなくなるケースが増えることになります。

このように遺産が多い方については、早くから遺産分けと税金対策を講じる必要があります。遺産金額が多い方と推定相続人とが早くから専門家を交えて話し合いをして対策を練る必要があります。お困りの方は当税理士法人にご相談ください。１回目は無料です。

アローズ税理士法人
代表者：荒生利男（東海税理士会熱海支部）
　　　　吉村和浩（東京税理士会本所支部）
職員数：30名（税理士10名）
所在地：本店 東京都新宿区新宿1-6-8
　　　　　　新宿鈴木ビルA館7階
　　　　支店 東京都墨田区／静岡県熱海市
URL http://www.arrows-tax.com
相続相談窓口：電話 03-5269-1815

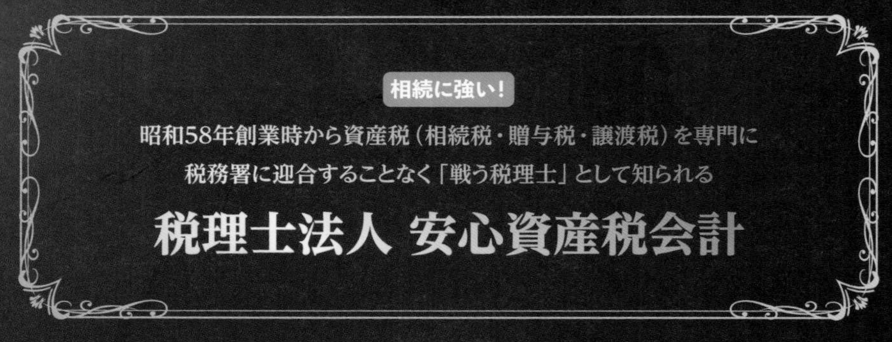

高橋安志代表

セミナーの講師を務める高橋代表

税理士法人安心資産税会計（東京都北区）は、高橋安志税理士事務所を前身とする資産税に特化した会計事務所。平成21年1月に法人化し、現在に至る。

資産税案件の相談多数

税理士法人安心資産税会計には、毎日のように金融機関、大手の有名な建設会社、不動産会社から、資産税の相談が電話、メール、FAX、来社などで寄せられます。

また、当社の手がける書籍、新聞記事、テレビCMを見たり、他の資産家から紹介を受けた資産家がご相談にいらっしゃいますので、5つある応接室が満室になることもしばしばあります。

税務調査完全対応

相続税等の税務調査は、納税者からすると、できればないほうがよいでしょう。税務調査が少ないことを自慢している税理士も散見されますが、税務調査がないということは、場合によっては高めの評価等で申告しているからかもしれません。

当社は過去の経験値等から許される範囲内で最大限の評価減をして申告しますので、税務調査は国税当局の公表値（10～20％）程度ありますが、評価額で妥協（修正申告書を提出）することは一切しません。調査には代表の高橋が立ち会い、税務署員と論争しますので安心してください。

研修会頻繁開催

①第3土曜会午後の部（14:00～18:00）：平成5年10月から毎月主宰している資産税研究会（内部&外部の税理士約30名参加）
②第3土曜会午前の部（10:00～12:00）：内部の研修会
③月初め研修会午後の部（15:30～17:30）：内部の研修会
講師：元国税庁資産評価企画官
　　　元国税庁2名
④毎週水曜日1時間研修会
⑤スタッフを外部の研修会に積極的に参加させています。

田中角栄いわく…

上記の研修会を重ねても答えの出ない事例が、資産税にはたくさんあります。

田中角栄いわく「世の中は白と黒ばかりではないよ、灰色が一番多いんだよ」。

当社は灰色部分を理論武装して白にする努力をしています。

税務署には相談はしません。脱税は絶対にしません。

税理士法人 安心資産税会計

代表取締役社長：高橋安志（税理士／東京税理士会王子支部）
職員数：グループ28名（税理士8名）
所在地：〒115-0045 東京都北区赤羽1-52-10 NS2ビル5F
URL https://www.souzoku-ansinkaikei.com/
専門書籍出版：累計37冊（小規模宅地特例／配偶者居住権／相続トラブル／居住財産の譲渡特例／相続後空き家譲渡特例 等）
テレビ出演：平成27年8月31日 TV朝日「モーニングバード」
TV埼玉・千葉TV・TV神奈川の「マチコミ」で準レギュラー生出演
テレビCM（四代目三遊亭圓歌師匠）提供：月曜日 TBS 5：30～5：59
木曜日 TV埼玉 22：00～22：30
日曜日 TV埼玉 6：00～6：30
高校野球埼玉予選全試合
新聞：朝日新聞「頼りになる相続のプロ50選」最上段の最左に紹介（毎年3月・9月）
日本経済新聞、読売新聞でも紹介（毎年4月・7月・9月）
相続相談窓口：電話 0120-430-506

北海道・東北
東京
関東
東海
信越・北陸
近畿
中国・四国
九州・沖縄

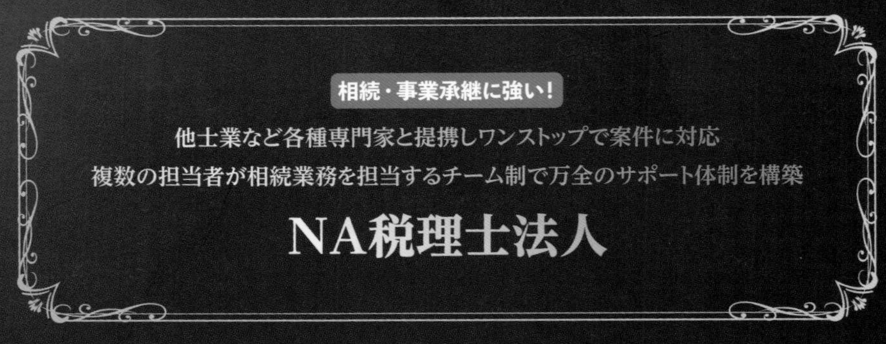

相続・事業承継に強い！

他士業など各種専門家と提携しワンストップで案件に対応
複数の担当者が相続業務を担当するチーム制で万全のサポート体制を構築

NA税理士法人

荒井正巳代表

NA 税理士法人の皆さん

NA税理士法人（東京都豊島区）は、他士業など各種専門家と提携しており、1つの窓口で全ての対応が可能。また、チーム制を敷き、複数の担当者が相続業務を担当することで、ミスのない万全の体制を構築し、業務にあたっている。

30名体制で 相続案件をサポート

NA税理士法人は豊島区西池袋に本店を、練馬、立川、神田、水戸に支店を置く社員85名の税理士法人です。事務所には代表の荒井を含め、15名の税理士が所属しています。代表の荒井は平成26年にNA税理士法人の母体となる中森・荒井税理士法人を設立し、より成長を目指して令和3年に現在のNA税理士法人に商号変更いたしました。

現在、相続税の専任スタッフはおりませんが、30名ほどのスタッフで相続案件のサポートにあたっています。さらに、資産税の経験豊富な税務署OB税理士が顧問団を組織しています。

税務署OBや他士業、専門家と 緊密に連携

相続税専門の税理士法人ではありませんが、業界35年間で法人のお客様や個人のお客様からのご紹介、営業活動により相続税申告などを単独でご依頼いただいたお客様など関わった案件は約1000件となります。現在は複数の税務署OB

からなる顧問団を組織し、お客様にご安心いただけるよう品質向上に努めております。

弁護士、司法書士などの他士業とも緊密に連携し、トラブル対応から登記等まで気軽に相談・手続き可能な体制を整えています。また、不動産売却や不動産活用をご希望のお客様には、安心してご相談いただける複数の不動産専門家をご紹介することが可能です。

チームで案件に対応
複数の目でミスのない体制を構築

当事務所ではチーム制でご対応させていただいております。担当が不在のときなどにお客様をご不安にさせないためにも、複数の社員が関わることで、ミスのない体制を徹底しております。事務所内では相続案件に関して情報交換が活発に行われており、引き出しの多さも特徴です。

また、代表の荒井と国税OBの税理士がアドバイス・チェックを随時行っております。専門家のネットワークも広く、弁護士、司法書士、不動産売却やトラブル解消に対応できる不動産業者などと連携がありますので、ワンストップでお悩みを解決することができます。

気軽に相談できる
初回1時間無料相談窓口を設置

当事務所では相続相談窓口を設けております。お電話やメールで池袋本店にご連絡いただけましたら担当者がお話を伺います。来所いただくこともできますので、ぜひお電話にてご予約をお待ちしております。相続税申告期限の10カ月の間にやらなくてはいけないことがたくさんあります。この10カ月は思っているよりもあっという間です。慌てないための準備のお手伝いをいたします。少しでもご心配に思っていることなどがありましたらお早めにご相談ください。初回1時間無料相談を承っておりますので、相続の事前準備に関するご相談にもご利用いただけます。

NA税理士法人

代表者：荒井正巳（税理士／東京税理士会豊島支部所属）
職員数：85名（税理士15名、社会保険労務士3名、行政書士２名）
所在地：東京都豊島区西池袋1-21-7
住友不動産池袋西口ビル7階・8階（受付）
練馬事務所（東京都練馬区）、立川事務所（東京都立川市）、
神田事務所（東京都千代田区）、水戸事務所（茨城県水戸市）
URL　https://na-tax.jp/
相続相談窓口：電話 フリーダイヤル0120-35-1388

北海道・東北
東京
関東
東海
信越・北陸
近畿
中国・四国
九州・沖縄

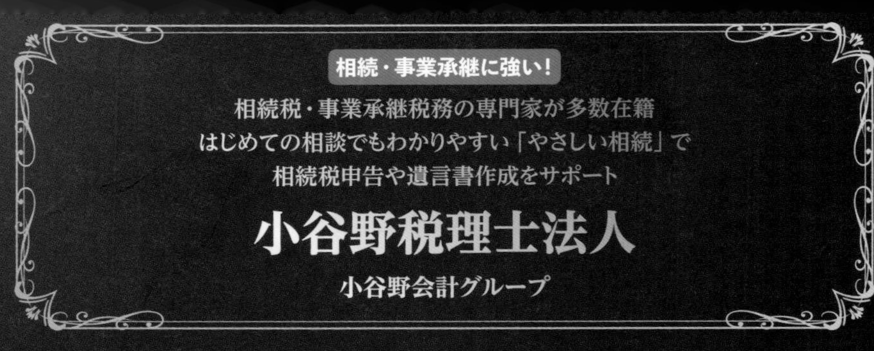

小谷野税理士法人

小谷野会計グループ

小谷野幹雄代表

小谷野税理士法人のエントランス

小谷野税理士法人(東京都渋谷区)は、相続税・事業承継税務の専門家として数多くの実績を持つ小谷野幹雄氏が代表を務める税理士法人。「事前対策の徹底」「国税OB税理士の専門知識」「他士業との緊密な連携」を強みに、複雑な案件もスムーズな解決へ導く。

『安心と感動の創造』を理念とする会計事務所

小谷野税理士法人は、1996年に創業した小谷野公認会計士事務所を経て、2017年から東京都渋谷区で税理士法人として、『安心と感動の創造』を理念として活動しています。

創業から27年の実績があり、税務・会計の分野だけでなく、相続・事業承継の分野に特化したサービスも提供しています。

当法人には、相続税・事業承継税務の専門家が多数在籍しており、豊富な知識と経験に基づいたアドバイスを提供しています。

企業の経営者に対して、相続税対策や事業承継の支援を行うだけではなく、はじめてのご相談の方にもわかりやすい「やさしい相続」をモットーに相続税申告や遺言書作成のサポートを行っています。

当法人の代表者である小谷野 幹雄は、FP技能検定委員や日本証券アナリスト協会プライベートバンカー(PB)資格試験委員に就任するなど相続税・事業承継税務の専門家として、数多くの実績を積み重ねています。

PBとは、富裕層を対象に資産保全・事業

承継・相続等の包括的な金融サービスを提案、実行支援するスペシャリストをいいます。

当法人には、代表の小谷野を筆頭に、経験豊富な公認会計士、税理士を中心にチームでサービスを提供しております。

相続分野における3つの強み

当法人、小谷野税理士法人の相続分野における主な強みは以下の通りです。

1. 事前対策の徹底

相続の発生前からの事前対策を強化し、お客様が円滑な相続を迎えるためのサポートを行っています。状況やニーズに合わせて最適な対策を提案し、安心して相続を進められるよう努めております。

2. 国税OB税理士の専門知識

当法人には国税OB税理士が複数在籍しており、その豊富な経験と専門知識を活かした税務調査対策を提供しています。税務調査時の細やかなサポートや、適切な対応策をアドバイスし、お客様の利益を最大限に守ります。

3. 他士業との緊密な連携

弁護士や他の専門家と連携を深め、お客様の相続問題を多角的にサポートします。相続関連の複雑な問題も、当法人の包括的なサービスを通じて、スムーズに解決へと導きます。

以上の点を踏まえ、お客様の相続に関する様々なニーズに応えるための専門的かつ総合的なサービスを提供しております。

気軽に相談できる初回無料カウンセリング

相続に関するご相談の際は、当法人がご用意している専用の窓口をご利用いただけます。ホームページ上の専用フォームや、お電話を通じて、専門家としての知見を持つスタッフがアドバイスやサポートを提供させていただきます。初めての相続相談でも、安心してご相談いただけるようサポート体制を整えております。

また、はじめてのご利用時には、サービスの一環として初回のカウンセリングを無償で提供しております。争続を防ぐための前もっての生前対策も、当法人と共に考えていくことが可能です。何か疑問や悩みがございましたら、どうぞお気軽にアクセスしてください。

やさしい相続相談センター（小谷野税理士法人）

代表者：小谷野幹雄（税理士・公認会計士／東京税理士会渋谷支部）
職員数：70名
所在地：東京都渋谷区代々木1-22-1　JRE代々木一丁目ビル14階
ホームページ：https://koyano-cpa.gr.jp/yasashii-sozoku/
相続相談窓口：電話 0120-469-449
メール yasashii-sozoku@koyano-cpa.gr.jp

相続に強い！

多様な専門家が所属する総合事務所グループ
相続のさまざまな問題をワンストップで解決する総合力が強み

さいとう税理士法人
SAITO ASSOCIATES

さいとうもりたか
齊藤司享代表

さいとう税理士法人のスタッフの皆さん

さいとう税理士法人は、東京都大田区に拠点を構える総合事務所グループSAITO ASSOCIATESの中核となる税理士事務所。田園調布の資産家の支援を多く手がけており、相続支援に関する高度なノウハウを蓄積している。

多様な専門家が所属する総合事務所

SAITO ASSOCIATESは、昭和27年6月に先代の齊藤監太朗により創業されました。現在は、さいとう税理士法人、さいとう経営センター株式会社、株式会社サンガアソシエイツ、株式会社ベネフィックスエフピー、サンガ行政書士法人の5社で運営されています。

当グループには、税理士4名が所属しており、総勢48人の人員で、お客様がワンストップでなんでも相談できる事務所を目指しています。

田園調布の資産家の支援で高度なノウハウを蓄積

さいとう税理士法人が所属する雪谷税務署は田園調布を管轄しているため、当事務所は相続案件に対応することが多く、1年で40件程度の申告案件を取り扱っています。

専門部署である相続コンサルティング部は現在5名の人員で活動しており、そのなかには通常の税務を扱わないFPの専担者もいます。

事後の相続税の申告だけでなく、相続仮計算やライフプランの作成、相続事前対策も手がけています。FPの会社であるベネフィックスエフピーは宅建業者の免許を持ち、建築に関しても大手業者と提携しています。また、遺言書の作成や遺産分割協議書の作成、相続後の名義書き換えにはサンガ行政書士法人がお手伝いをさせていただきます。

書面添付制度を導入する 税務調査に強い事務所

当事務所の大きな特徴は、相続税申告書の全てに書面添付制度を導入していることです。書面添付制度では、申告書の正しさを税理士が保証するため、税務調査が入る可能性が大きく下がります。

申告書の作成にあたっては、預金の通帳などは生前贈与加算の3年分だけでなく、保存されているものを全てお預かりして、贈与に関するものまで丁寧にチェックします。また、専用のチェックリストを使用して、担当者だけでなく、代表を含めた2名が内容をチェックします。判断に迷う案件に関しては、顧問になっていただいている元国税不服審判所所長の税理士や、相続に強い弁護士に判断を仰いでいます。

相続専門の相談窓口で 初めての相続にも丁寧に対応

当事務所は、雪谷・池上相続税申告相談室という名称で、相談窓口を設置しています。相続を初めて経験される方のご相談にも丁寧に対応し、分かりやすくご説明するように努めています。初回相談は無料ですので、ぜひお気軽にお問い合わせください。

親族間の争いのない円滑な相続を実現するためにも、相続の事前対策や遺言書の作成を強くお勧めしています。

北海道・東北
東京
関東
東海
信越・北陸
近畿
中国・四国
九州・沖縄

さいとう税理士法人

代表者：齊藤司享（東京税理士会雪谷支部）

職員数：48名

所在地：〒145-8566　東京都大田区南雪谷2丁目20番3号

ホームページ：http://www.bene-sa.co.jp/

相続相談窓口　TEL：03-3727-6111　FAX：03-3720-3207

相続・事業承継に強い!

多数の相続税申告・公正証書遺言作成コンサルティングを実施
被相続人の想いに寄り添う相続対策を行う

税理士法人スバル合同会計

垣本栄一代表

相続案件を担当するスタッフの皆さん

税理士法人スバル合同会計（東京都千代田区）は、垣本栄一税理士が代表を務める会計事務所。国税OBを含む30名の税理士による相続税申告や、公正証書遺言の活用による争いのない相続対策を得意とする。

30名の税理士が在籍 フットワークが強みの会計事務所

税理士法人スバル合同会計は、税理士の垣本栄一が平成5年に開業し、令和5年で法人設立から17周年を迎えた会計事務所です。事務所には、代表の垣本を含む30名の税理士、総勢195名のスタッフが所属しています。スタッフは平均年齢が30代と若く、フットワークの軽さを生かしたサービスを心掛けています。

スバル合同会計グループ内には、他士業が常駐していますので、お客様にとって煩わしい手続きをワンストップで完結させることができます。

公正証書遺言作成のコンサルティングでお客様の想いに寄り添う

当社はこれまで、多数の相続税申告、公正証書遺言作成のコンサルティングを行ってきました。

相続トラブルを避け、財産という先祖からの預かりものを、次の世代に渡すことに想いを込めるお手伝いをさせていただいております。

以前、公正証書遺言の作成をお手伝いさせていただきましたお母さまから、遺言作成後に「先生、お陰様で無事に作成できました。これで安心して長生きできます。」と最高の賛辞を頂きました。

それから時間が経ちましたが、今でもお元気であると聞いております。

遺族の生活設計に配慮した争いのない相続対策を実行

当社の最大の特徴は、相続対策を行っていることであると考えます。

税金の問題を中心と考えるのではなく、争いを避け、不動産の活用可能性を最大限に考え、遺される方々のライフプランニングを行い、そこからできうる限りの節税を考えます。

社内には国税OB税理士で相続税を担当していた者も在籍していることから、調査する側の視点で申告内容の確認を行い、その申告書を作成するための資料を税務調査官の視点から確認しております。

資産税担当者が対応する初回無料相談窓口を設置

当社では相続相談窓口を設置しております。下記のフリーダイヤルよりお問い合わせください。社内におります資産税担当者が相談を受け付けています。

また、新型コロナウイルス対策の一環として、Zoom等のWeb会議ソフトを活用した取り組みを行っております。そのため、北海道から沖縄まで、すべてのお客様に対し、当社のサービスを利用していただくことができます。

また、初回相談は無料にて受け付けております。お気軽にお問い合わせください。

相続対策に関しましても、「今は元気だから」「今は面倒だから」「忙しいから」ではなく、対策ができるうちに行うことをお勧めします。

税理士法人スバル合同会計

代表者：垣本　栄一（税理士／東京税理士会神田支部）

職員数：195名（税理士30名）

所在地：〒101-0025　東京都千代田区神田佐久間町3-16

ホームページ：https://subaru-tax.com/

相続相談窓口：フリーダイヤル 0120-0279-50

相続・事業承継に強い！

日本最大級の相続専門税理士法人・年1800件以上の相続税申告
明朗な低価格と、税務署に指摘を受けないチェック体制が強み
わかりやすく親身に対応します

相続サポートセンター（ベンチャーサポート相続税理士法人）

古尾谷裕昭代表

相続の悩みに丁寧に対応するスタッフの皆さん

相続サポートセンターは、同一グループの司法書士法人、行政書士法人、弁護士法人などと一体となって連携しており、どのような相続の相談にも明朗な低価格で一度にすべての解決策を提示できるのが特徴。

日本最大級の士業グループの相続税専門法人

相続サポートセンターは、全国20拠点1205名のスタッフが働くベンチャーサポートグループのうちの相続税専門の法人が運営しています。相続税理士法人は東京の銀座を本店所在地として、新宿、埼玉、千葉、横浜、名古屋、大阪、神戸に拠点を展開し、グループ内の司法書士法人、行政書士法人、社会保険労務士法人、弁護士法人と連携を取り、相続税だけでなく相続登記、名義変更、遺言書、その他相続に関するあらゆる疑問や相談にいち早く対応できる体制を整えています。

顧問先数1万社、相続税申告年間1800件以上

2003年8月に創業したベンチャーサポートグループは、法人設立支援と相続支援業務を柱に、顧問先企業1万社以上、相続税申告年間1800件以上の実績をあげています。

ウェブ上で明朗会計を掲げ、インターネットを中心にお客様に支持されるサー

ビスを続けているからこそ、今なお成長を続けられています。

安心の規模と、信頼の実績を武器に、今後もお客様を親身にサポートし、相続税申告だけでなく、相続手続業務、相続登記、生前対策など、多岐にわたるご相談・ご依頼を受けております。

どこよりも丁寧に、少しでも安く、万全に

初めて相続税申告する人を、どこよりも丁寧にわかりやすくサポートすることが相続サポートセンターの強みです。

また、相続では「少しでも税金を安くしたい」という考え方と、「税務署で指摘されたくない」という意向が多いのですが、これらを両立するのは簡単ではありません。そこで、税務署の相続税部門で長年税務調査を行ってきた元国税調査官を社内に招き入れ、社内の代表税理士、ベテラン担当者の３人による「三重検算体制」で、高品質の相続税申告をお約束しています。

また、税務調査が行われる確率を引き下げるため、「書面添付制度」を積極的に推進しています。こうした体制により、申告書について税務調査を受ける割合は、過去100人に1人未満に抑えることに成功しています。

相続専門スタッフが相談に対応

相続サポートセンターは、東京、埼玉、千葉、横浜に拠点を構えて関東近県をサポートするほか、名古屋、大阪、神戸にも拠点を構えて、中部・関西など幅広い地域の相続案件について、相続専門のスタッフがご相談に応じています。

弊社事務所、あるいはお客様のご自宅に訪問して、無料の相談をさせていただいています。相続に関するあらゆるご質問をお聞きし、概算の相続税の見込額と、弊社の報酬のお見積もりをお伝えします。

専門家への無料相談は、相続の第一歩です。何でも聞いていただければと思います。お気軽にお電話ください。

相続サポートセンター（ベンチャーサポート相続税理士法人）

代表者：古尾谷裕昭（東京税理士会京橋支部）
職員数：1205名（相続専門部署100名）
所在地：銀座オフィス：東京都中央区銀座３丁目７番３号 銀座オーミビル8階
新宿オフィス、埼玉オフィス、千葉オフィス、横浜オフィス、名古屋オフィス、大阪オフィス、神戸オフィス
ホームページ：https://vs-group.jp/sozokuzei/supportcenter/
相続相談窓口：電話 0120-690-318　Eメール souzoku@venture-support.jp

相続・事業承継に強い！

家族信託のエキスパートとして家族と企業の大切な財産を守る『新・相続®』で
一人ひとりが安心できる明るい未来を創造する

司法書士法人ソレイユ

杉谷範子代表

司法書士法人ソレイユの皆さん

司法書士法人ソレイユ（東京都中央区）は、家族信託・民事信託・実家信託®を活用した予防法務に取り組む司法書士事務所。特に「遺言、家族信託、任意後見、生命保険」の４つの柱から成る『新・相続®』に特化しており、認知症や相続紛争による資産凍結を予防し、円満家族と永続経営を支援している。

家族信託・民事信託・実家信託®を活用した予防法務に取り組む司法書士事務所

司法書士法人ソレイユの代表杉谷範子は司法書士歴20年、事務所を法人化して10年になります。現在、司法書士５名を含む９名が在籍しています。

私どもは家族信託を活用した不動産オーナーの「認知症対策」や「相続紛争対策」、中小企業オーナーの事業承継対策、知的障がいを持つお子さんの親なき後対策、実家の空き家を防ぎ、親の介護費用に活用するための「実家信託®」など、予防法務を中心に扱っている事務所です。

メディア出演や書籍などの執筆で積極的に情報を発信

代表の杉谷は、10年以上前から「家族信託」の研究と活用に取り組んでおり、書籍も多数出版しています。

お客様からは「安心して生活を送ることができる」とご好評を頂き、そのおかげで、NHK「あさイチ」「クローズアップ現代＋」（３回）、「ニュースウオッチ９」に出演し、家族信託や相続の解説をさせて頂きました。

そして、「月刊　実務経営ニュース」では、「人生100年時代を見据えた『新・相続』」を、帝国データバンクの「帝国ニュース」では「100年企業のための『新・相続』」を連載して、これからの超高齢社会におけるリスク対策をお伝えしています。

認知症や相続紛争による資産凍結から家族と企業を守る

私どもの特徴は、遺言、家族信託、任意後見、生命保険を駆使して、認知症や相続紛争による資産凍結防止の予防法務と事業承継対策をメインの業務としている点です。

「自社株信託」「地主家主信託®」「M&A準備信託®」「子どものいない夫婦対策」「遺言を書いてくれないオーナー対策」「高齢の大株主が認知症になっても会社経営を止めさせない対策」「株価の高い企業がM&Aを選択せず、従業員に会社を継がせ、創業者一族も満足する承継方法」「株主が分散している老舗企業の承継対策」など、お客様の個別の事情に合わせて適切なコンサルティングを行い、不動産登記や商業登記についても対応しています。

対面やオンラインで気軽に相談できる相談窓口を設置

当法人は、経験豊かなスタッフが真心こめて、ご相談をお受けしております。東京駅から徒歩５分、東京メトロ日本橋駅から徒歩1分と便利な場所に事務所がありますが、Zoomなどのテレビ会議システムでも承っておりますので、ホームページの「お問い合わせ」または「テレビ電話面談」からお申し込みください。

お問い合わせはこちらから→

司法書士法人ソレイユ

代表者：杉谷範子（司法書士／東京司法書士会）

職員数：９名（司法書士５名、スタッフ４名）

所在地：〒103-0027
東京都中央区日本橋2丁目1番14号
日本橋加藤ビルディング6階

ホームページ：https://votre-soleil.com/

相続相談窓口：TEL 03-6262-7707

杉谷代表の著書（共著、監修含む）

相続・事業承継に強い！

業界トップクラスの相続税申告実績を持つ相続税専門会計事務所
全国13拠点、職員総数320名が「7つのお約束」で相続のご相談に対応

税理士法人チェスター

チェスターグループ

福留正明代表

荒巻善宏代表

広報宣伝部長
角野卓造

チェスターグループは、東京、新宿、池袋、立川、横浜、藤沢、千葉、大宮、名古屋、京都、大阪、神戸、福岡の13拠点に税理士、公認会計士、弁護士、司法書士、行政書士、宅地建物取引士、相続診断士などの専門家を擁する相続専門の総合グループ。直近の1年間で2,000件を超える、税理士業界トップクラスの相続税申告の実績がある。

数多くの専門家を擁する相続専門グループ

税理士法人チェスターは、監査法人トーマツ時代の同期である公認会計士・税理士の福留正明と荒巻善宏が2008年に開業した税理士法人です。相続税申告業務を中心に、相続専門のグループとして成長を続けています。

・グループ合計　320名
・税理士法人チェスター　219名
・株式会社チェスター　35名
・司法書士法人チェスター　27名
・CST法律事務所　8名
・行政書士法人チェスター　14名

（税理士66名・公認会計士10名・弁護士5名・司法書士10名・行政書士7名・宅地建物取引士36名・相続診断士9名）
※令和5年4月現在

税理士業界トップクラスの相続税申告実績

直近の2022年の1年間の相続税申告件数は2,221件となり税理士業界トップ

クラスの実績があります。

グループ全てのスタッフが遵守する「7つのお約束」

税理士法人チェスターでは相続税のプロフェッショナルとして、お客様に安心頂けるサービスを提供する立場として、申告業務を行うにあたり、全てのスタッフがお客様へ以下「7つのお約束」をいたします。

【約束１】最大限の節税を考慮、各種財産評価の論点検討

【約束２】税務調査で指摘を受けないためのあらゆる対策

【約束３】税理士2名がダブルチェック

【約束４】徹底した期限管理

【約束５】最新鋭の調査機器・ソフトウェアによる土地評価

【約束６】累計1万件以上の圧倒的な申告実績による高い専門性

【約束７】300名以上の相続税専門の精鋭チームによる対応

全国13拠点に気軽に相談できる相談窓口を設置

税理士法人チェスターは全国13拠点で相続税のご相談に対応しております。ご相談の際には最寄りの税理士法人チェスターにお問い合わせください。各種お問い合わせは全てHPのフォームもしくはフリーダイヤルから可能です。

各事務所の直通フリーダイヤル

東　京	0120-390-306	新　宿	0120-688-377
池　袋	0120-522-320	立　川	開設予定
横　浜	0120-958-968	藤　沢	開設予定
千　葉	0120-567-905	大　宮	0120-736-510
名古屋	0120-822-088	京　都	0120-575-985
大　阪	0120-957-728	神　戸	0120-817-825
福　岡	0120-359-520		

受付時間：平日9時～ 20時、土曜9時～ 17時

税理士法人チェスター
代表者：福留正明　荒巻善宏
（東京税理士会日本橋支部）
職員数：320名
所在地：【本社】東京都中央区八重洲1-7-20
八重洲口会館2階
全国13拠点（東京、新宿、池袋、立川、横浜、藤沢、千葉、大宮、名古屋、京都、大阪、神戸、福岡）
URL　https://chester-tax.com/
相続相談窓口：フリーダイヤル 0120-888-145　メール　info@chester-tax.com

相続・事業承継に強い！

全国8拠点の総合法律経済関係事務所グループ

相続のベテラン専門家がさまざまな問題をワンストップで解決

JPA総研

日本パートナー税理士法人

相続対策推進部

相続対策推進に取り組む税理士集団

日本パートナー税理士法人は、全国に8カ所の拠点を構える会計事務所として相続支援に長年取り組んできたベテランの専門家を多数擁しており、相続税申告だけでなく、ハッピーエンディングノート作成支援業務による遺産整理や遺言書作成など多様なおもてなしサービスの相談にワンストップで対応しております!!

全国8拠点、職員数150名の総合法律経済関係事務所グループ

日本パートナー税理士法人は、現代表の神野宗介が昭和41年2月に神野税務会計事務所として開業しました。創業58年目となる現在では社員数が150名になり、総合法律・経済関係の事務所として、クライアントの要求にワンストップで応えられるおもてなしサービスの会計事務所です。

特に相続対策支援業務については、代表の神野宗介、名誉会長の田制幸雄、会長の大須賀弘和、社長の安徳陽一、副社長の鈴木忠夫が積極的に携わっており、本部と7つの支社にはベテランの専門スタッフがいます。

また、相続関連の法律上の手続きや、名義変更などの遺産整理、遺言書作成などを専門に担当する法人である日本パートナー行政書士法人が取り組んでいます。

近年では、相続対策の極めとして、安心老後提案のためのハッピーエンデ

ィングノートの作成を支援する継続関与も増え続けています。

業歴豊富な専門家が相続問題を総合的に解決

名誉会長の田制はもっとも古くから相続を扱っており、特に不動産に関しては豊富なノウハウを有しています。相続分野の業歴は45年になり、扱った件数は300件を超えています。

また、社長の安徳は、ここ30年以上相続業務の中心メンバーとして、年間30件以上をこなしています。法人、個人の顧問先、不動産業者、葬儀社からの紹介などで、取り扱った案件は累計500件以上になります。

当事務所には上記の2名以外にも、専門的知識とプロ意識を持つ担当者が多数在籍しており、金融機関など関係方面から高い評価を頂いています。

「ハッピーエンディング相続対策支援」は今大好評!!

行政書士法人はオリジナルの『ハッピーエンディングノート』を開発し、税理士法人と知恵を出し合いながら、関与先の皆様のライフプランの作成、財産状況の把握、遺言書や相続対策の積極提案と受託に取り組んでいます。当グループの５大重点業務の一つとして、時代に求められた非常に重要な業務です。

また、当グループの業務はよく「ゆりかごから墓場まで」を支援するエンドレス業務であると言われています。「顧問先は己自身」との精神でお客様の一生に深くかかわり、関与する皆様すべての幸せのために親身な相談相手として寄り添って参ります。

相続業務の専門的知識とプロ意識を持つ担当者が多数在籍

ハッピーエンディング、相続対策プロの７人のサムライが全力で頑張ります !!
安心と信頼の我々にお任せあれ〜 !!

日本パートナー税理士法人、日本パートナー行政書士法人

代表者：神野宗介（東北税理士会二本松支部）
職員数：150名
所在地：東京都千代田区神田駿河台4-3
新お茶の水ビルディング17F
ホームページ：https://www.kijpa.co.jp/

相続相談窓口：
東京本部 03-3295-8477
立川 042-525-6808　都心 03-5369-2030
横浜 045-317-1551　千葉 047-409-6771
東北本部 0243-22-2514
福島 024-503-2088
郡山 024-923-2505
神野代表 090-8789-0240

相続・事業承継に強い！

相続・事業承継専門の弁護士・税理士を中心とした専門家チームが
クライアントの資産を守るため一つひとつの案件に丁寧に誠実に取り組む

フォーカスクライドグループ

税理士法人フォーカスクライド／弁護士法人フォーカスクライド

伊藤良太弁護士

髙橋大貴税理士

梅田篤志税理士

フォーカスクライドグループ（東京都千代田区、新潟市西区、大阪市中央区）は、弁護士・税理士・行政書士などを擁する士業グループ。相続・事業承継専門の3名の弁護士・税理士を中心に、相続・事業承継の法務・税務、MBO、M&Aなど、クライアントに親身に寄り添ったサービスを提供し、高い支持を得ている。

相続・事業承継専門の弁護士・税理士が親身に対応

フォーカスクライドグループは、佐藤弁護士が2016年に大阪で創業した法律事務所（2018年に弁護士法人設立）を母体とし、2020年に税理士法人が加わりました。グループ全体で弁護士・税理士含め20名超のメンバーを擁し、相続・事業承継対策については伊藤弁護士、梅田税理士、髙橋税理士を中心に対応しております。

当グループでは、中小・中堅企業の経営者、医師、地主・ビルオーナー様、上場企業の創業者など非常に幅広いお客様へ、相続・事業承継対策の法務・税務のほか、一般企業法務、MBO、M&A、人事労務、交通事故、創業・IPO支援を中心とするサービスを提供しています。最近では、全国の会計事務所との資産税分野における業務提携も開始しております。

伊藤弁護士は、過去に中小企業庁にて中小企業の事業承継支援策、特に事業承継税制の立案・執行を担当した経歴を有し、相続・事業承継の税務・法務を横断的に取り扱う経験を強みとしております。

税理士法人所属の税理士は、資産税業務を専門として10年以上従事し、相続・事業承継案件で数多くのお客様に携わってきました。

当グループは数多くの実績と経験を積み重ねてまいりましたが、取り扱う案件の数を競うのではなく、おひとりおひとりに寄り添う『丁寧で誠実な取り組み』を信念に、常にお客様目線であることを心掛けております。関係各所からのご紹介による相談が多いことは、お客様に安心と満足をお届けできていると自負しております。

外部の専門家とも連携し クライアントの資産を守る

税理士法人フォーカスクライドは個人・法人問わず、クライアントの大切な資産の移転・承継・活用に係る税分野（資産税）に特化した税理士法人です。

当税理士法人では資産税の業務を遂行するためには、高度な税務知識だけでなく、お客様の真のニーズを汲み取るコミュニケーション能力が必要不可欠と考えており、お客様とのやりとりは必ず税理士が対応します。

さらに、税務の観点のみの偏った提案とならないよう、グループ内の弁護士をはじめ、外部のコンサルタント、司法書士、不動産鑑定士等の各専門家と一体となり、各専門領域の知見から、お客様の想いを実現します。

気軽に相談できる 初回無料相談窓口を設置

当法人に初めて相談される方は、まずはホームページの問い合わせ窓口またはお電話にてご連絡ください。

専門家は「近寄りがたい」「敷居が高い」「上から目線」といったイメージをお持ちではないでしょうか？　当法人は、まずはお客様のお話を伺い、現在置かれている現状を「分析」します。その上でどのような対策を行えるのかを「提案」することを大切にしており、意見の押し付けはいたしません。皆様の「とても身近な相談相手」として、お役に立てればと思います。

まずは皆様が現在抱えているお悩みをお聞かせください。初回面談は無料になります。

税理士法人フォーカスクライド
東京オフィス（東京税理士会神田支部）：
東京都千代田区神田淡路町1-19-1
木村ビル2階
新潟オフィス（関東信越税理士会新潟支部）：
新潟県新潟市西区西小針台2-5-4
ホームページ：https://fcd-taxoffice.com

弁護士法人フォーカスクライド
大阪オフィス（大阪弁護士会）：
大阪府大阪市中央区伏見町2-1-1
三井住友銀行高麗橋ビル5階
東京オフィス（第二東京弁護士会）：
東京都千代田区神田淡路町1-19-1
木村ビル2階

相続相談窓口：お問い合わせフォーム https://fcd-taxoffice.com/contact/
東京オフィス 03-6822-7360 ／新潟オフィス 025-211-8683
※本書読者の方からのお問い合わせは、お手数ですが税理士法人宛てにお願いいたします。

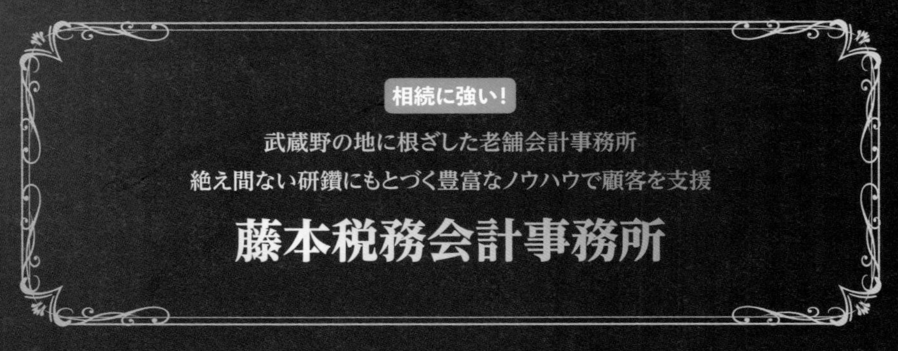

相続に強い！

武蔵野の地に根ざした老舗会計事務所
絶え間ない研鑽にもとづく豊富なノウハウで顧客を支援

藤本税務会計事務所

藤本昌久代表

藤本税務会計事務所は、東京都世田谷区に拠点を構える老舗会計事務所。創業以来70年にわたり武蔵野の資産家を支援しており、特に土地の一部をマンション経営に活用している農家の相続対策、相続税申告を得意とする。

武蔵野の地に根付いて70年の老舗会計事務所

藤本税務会計事務所は、開業から70年の歴史をもつ会計事務所です。現所長で税理士の藤本昌久は、先代から事務所を引き継ぎ、5名のスタッフで運営しております。

私たちは、お客様と接する頻度を可能なかぎり高め、本音を伺って課題を探ることが大切だと思っております。いずれは事務所の24時間営業も視野に入れながら、今は予約制で朝７時から夜８時まで応対しております。

手厚いサービスと大手に負けない情報をご提供していくのが、当事務所の基本的スタンスです。

相続の案件は、所長の藤本が直接扱います。資産税は専門知識の有無で大きな差がつきますが、当事務所は先代から70年にわたり財産にかかわる税金を扱って参りました。

移り変わりの速い税制のもと、他の税理士との研究会などを通じて絶えず研究し、周辺研究機関や業者との情報交換も行い、すばやい情報入手を実現しております。それにより、税務だけでなく、測量や土地家屋の調査、建築の知識、土地整理の交渉術といった情報もご提供いたします。

当事務所は先代の頃から武蔵野の地で税理士をやっておりますので、この地域に多い、土地の一部をマンション経営に活用している農家の皆様の相続対策、相続税申告には豊富なノウハウを有しております。所長が直接扱うからこそ、総合的な知識を生かしたアドバイスができます。

書面添付制度で税務調査を回避

当事務所は書面添付制度を活用して、税務調査のない申告を目指しています。書面添付制度は皆様にはまだ馴染みが薄いようですが、税理士がお客様のどの書類をどのようにチェックして申告しているか、また、どのようなご相談を受けたのかを書面に書いて、申告書に添付して税務署に出す制度です。いわば税理士が書く内申書のようなものです。この書類を出しますと、税務署はお客様のところへいきなり調査に入るのではなく、まずは税理士の意見を聞くようになります。そして、そこで納得できれば調査をしません。

当事務所はこの書面の内容を充実させ、税務署が納得するように努めており、実際にこの意見聴取のみで、調査が行われないことが多くなっています。お客様からは、税務署と接する必要がなくなったと大変感謝されております。

顧客の相談に所長が対応

まずは藤本までお電話をください。その後、直接ご来所いただいて、ご面談をさせてください。藤本の人柄もご理解いただけると思います。

相続は、皆さん初めて経験される方ばかりです。分からないことだらけだと思いますが、きっと面談のあとは、「分かって」お帰りいただけると思います。初回相談は無料ですので、ぜひお気軽にお問い合わせください。

藤本税務会計事務所

代表者：税理士　藤本昌久（東京税理士会世田谷支部）

職員数：5名

所在地：〒157-0072　東京都世田谷区祖師谷4-6-4

ホームページ：http://www.taxfuji.com/

相続相談窓口：電話 03-3483-2002　メール info@taxfuji.com

相続・事業承継に強い！

相続税申告を250件以上扱った税理士が相続の事前対策を提案
財産カウンセリングと相続シミュレーションで争族を回避

税理士法人bestax

山中朋文代表

税理士法人ｂｅｓｔａｘの皆さん

税理士法人ｂｅｓｔａｘは、東京都世田谷区と新宿区にオフィスを構える税理士法人。代表の山中朋文氏は250件以上の相続税申告をこなし、不動産が絡む相続対策を得意とする。相続対策を希望する顧客一人ひとりに財産カウンセリングと相続シミュレーションを実施し、それぞれの事情に合わせた最善の対策を提案。税務調査のリスクを軽減する申告書への書面添付も100％実現している。

地主・資産家の相続対策に強みを持つ税理士法人

税理士法人ｂｅｓｔａｘは、代表の山中朋文が2013年4月に個人事務所として開業し、2022年6月に法人化した税理士法人です。事務所には、山中のほかに税理士が1名、総勢10名のスタッフが所属しております。

当事務所の主なお客様は、30～40代の中小企業経営者で、業種はWeb制作、建築事務所、飲食業と多岐にわたります。業務は中小企業の黒字化支援とＤＸ化支援に加え、地域の地主や資産家の不動産を絡めた相続対策も得意としています。

財産カウンセリングで顧客と懸念事項を共有しながら解決

代表の山中は、会計事務所に勤務していた10年間に、不動産譲渡や相続税などの資産税案件を中心に経験を積みました。独立後も含め、現在までに250件以上の相続税申告案件を扱い、年間200件を超える相続相談が寄せられています。

「相続税がいくらかかるか分からない」

「相続について漠然とした不安を感じる」

「何から手をつけたらいいか分からない」

など、相続に関するお悩みはさまざまです。

当事務所では、これから相続対策を始めるお客様一人ひとりに財産カウンセリングを行い、懸念事項をご家族で共有しながら解決していくお手伝いをしております。お客様からは、家族で将来のことを話す時間が増えたと、大変喜んでいただいております。

相続シミュレーションで争族を回避
申告時の書面添付も100％実現

当事務所では、相続対策をご希望のお客様に財産カウンセリングを行った後、相続税がいくらかかるかを試算する相続シミュレーションも実施しています。お客様のご希望を踏まえ、公正証書遺言や資産管理法人を使った節税などの対策を講じて、家族が争う「争族」を未然に防ぐお手伝いをしております。

また、当事務所では相続税申告において書面添付を100％実現しております。質の高い申告書を作成することは、お客様の税務調査の負担軽減につながります。

さらに、相続税の申告完了後には、ご相続人様の相続対策のための財産カウンセリング、不動産の売買査定、保険の加入状況の見直し等も無料で承っており、出来得る限り、お客様のニーズに応えられるよう努めております。

相続専門スタッフが対応する
相談窓口を設置

当事務所では、随時相続相談を受け付けております。代表の山中ならびに相続専門のスタッフが、ご相談に対応させていただきます。お問い合わせはお電話か、当事務所ホームページのお問い合わせフォームからお願いいたします。

現在悩んでいることや気になることなど、どのような些細な内容でも構いませんので、お気軽にご相談ください。お客様それぞれの事情に合わせた、最善のご提案をさせていただきます。

税理士法人bestax

代表者：山中朋文（税理士／東京税理士会玉川支部）
職員数：10名
自由が丘オフィス：〒158-0083　東京都世田谷区奥沢5-24-7 グリーンヒルズ自由が丘403
神楽坂オフィス：〒162-0824　東京都新宿区揚場町1-1 揚場ビル７Ｆ
ホームページ：https://bestax.jp/
相続相談窓口：電話 03-6421-2296
お問い合わせフォーム https://bestax.jp/inquiry.html

相続・事業承継に強い！

相続・事業承継対策・税務調査対応の実績多数
「笑顔相続」を増やすためにお客様ごとに最適な提案を行う

税理士法人HOP

HOPグループ

小川 実代表

髙橋大祐税理士

税理士法人HOP（東京都中央区）は、小川実税理士が代表を務める会計事務所。代表の小川税理士は、過去に、航空機リース事件の税務代理人として税務調査の立会いや不服審査を経験。相続税の税務調査対応も得意とする。民間資格「相続診断士」の考案者でもあり、家族の絆が深まる相続を支援する。

中小企業のかかりつけ医・笑顔相続の伝道師をミッションとする

HOPグループの母体である税理士法人HOPは、税理士の小川実が2002年に設立しました。「中小企業のかかりつけ医」と「笑顔相続の伝道師」という2つのミッションを掲げています。

相続の分野におきましては、代表の小川が考案した相続の民間資格である「相続診断士」らと協業しています。日本全国の不幸な相続を解消していくために相続の事前対策を推奨しながら、その支援に力を入れています。

航空機リース事件の勝訴に貢献 相続税の税務調査対応も

代表の小川は、2005年の航空機リース事件において、弁護士9名、税理士4名のチームで、延べ133名の税務代理人として税務調査の立会い、異議申立て、国税不服審判所での不服審査を経験しました。また、73名の原告補佐人として税務訴訟にも参加し、納税者の勝訴に貢献しました。このときの経験から、HOPでは税務調査における対応を得意としています。

納税者が不利とされる相続税の調査においても、過去には、税額にして800万円にのぼる税務署からの指摘を、是認に転じさせた事例があります。

「相続診断」で、お客様にマッチする効果的な相続対策を提案

HOPは、相続をきっかけに家族が壊れてしまう、いわゆる「争族」をなくし「笑顔相続」を増やすことをミッションとし、これまでに数多くの相続・事業承継対策に携わってきました。

笑顔相続への第一歩として、お客様には、まず「相続診断」を受けていただき、現状を把握した上で、問題に応じた効果的な対策を提案いたします。

対策にあたっては、お客様の状況に合わせて優先順位をつけて行うことが重要です。たとえば、遺産分割協議で揉めることが予想される場合には、相続税対策からでなく、まずは遺言書を作成することを強くお勧めします。子や孫へ住宅資金や教育資金の贈与をする場合には、贈与を受けない者への補償も同時に考えていきます。

このように、相続は財産、税金、法律などの様々な要素に加え、当事者の思惑や感情も重なるため、場当たり的な対策ではうまくいきません。事前の検討をいかに行うかが、対策の成否を分けるといっても過言ではないでしょう。HOPでは、相続診断を通じて、最適かつ効果の高い相続対策をお客様に提案いたします。

無料相談窓口を設置

HOPでは、相続税の申告や生前の相続対策を引き受ける専門の部署を設けております。ホームページの「お問合せフォーム」よりご連絡ください。税理士に依頼されるのが初めての方でも、経験豊富なスタッフが丁寧に対応いたしますので、ご安心ください。家庭の事情が様々なように、相続の問題も家庭ごとに様々です。他者が行っている対策が我が家にそのまま当てはまるとは限りません。HOPでは、税金だけでなく、相続を通じて家族の絆がより深まるお手伝いをしていきます。

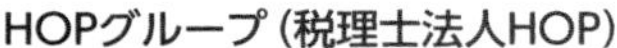

HOPグループ（税理士法人HOP）

代表者：小川　実（税理士／東京税理士会日本橋支部）

職員数：28名（税理士4名、社会保険労務士3名、行政書士2名）

所在地：東京都中央区日本橋人形町2-13-9　FORECAST人形町7階

ホームページ：https://group-hop.com/

相続相談窓口：電話 03-5614-8700

メール info@group-hop.com

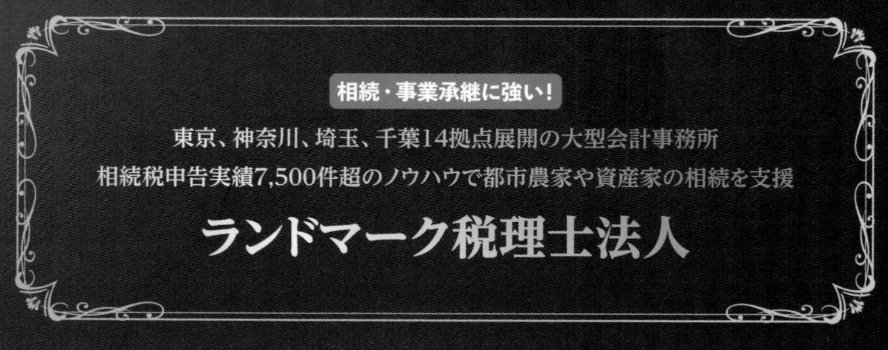

相続・事業承継に強い！

東京、神奈川、埼玉、千葉14拠点展開の大型会計事務所
相続税申告実績7,500件超のノウハウで都市農家や資産家の相続を支援

ランドマーク税理士法人

清田幸弘代表

ランドマーク税理士法人は、東京、神奈川、埼玉、千葉に14拠点を構える大型会計事務所。相続税申告・対策業務に注力しており、相続相談24,000件以上、相続税申告7,500件超の実績がある。

相続税の申告実績7,500件超

当社では、事前の相続税対策や遺言書の作成助言はもちろんのこと、相続税の申告・納税、そして二次相続のサポートに至るまで、親身に対応いたします。また、他の税理士が申告した後の申告書を見直すことで、相続税を還付させた成功事例も数多くあります。

このような還付が認められる事由のほとんどが土地の評価ですが、それぞれの土地の形状や周囲の状況等を総合的に判断しなければならないため、税理士によって見解の相違が大きく、またそれに伴って評価額も大きく変動するという現象が起こります。

場合によっては課税価格が減少することで、納付するべき相続税額も減少します。その結果、既に支払われている相続税が還付されるのです。

当社は、開業以来7,500件超の相続税申告実績があり、適正な財産評価には絶対の自信を持っています。

「相続」のお悩み全般を解決する専門家

平成27年度の相続税増税で課税対象者が拡大することを受けて支店を増設し、相続の無料相談窓口「丸の内相続プラザ」を全店舗に併設しました。各支店では、毎月、最新の税制動向などをご紹介するセミナーを開催し、その後の個別相談会も好評をいただいています。

セミナー後は、事務所のノウハウを凝縮させたメルマガの発信や広報誌の発行といった形で、継続的な信頼関係を築いてまいります。出版物も種々手掛けており、「税金ガイド」や相続の体系的な理解を助けるものから、税制の仕組みを応用した節税策、実務で取り扱った事例に至るまで、幅広いご興味に対応しています。

「相続」の専門家として認識していただいている当社へは、税務以外の法律問題のご相談も少なくありません。顧問弁護士や顧問司法書士との協働により、相続に関するすべての手続きを完結させるワンストップサービスを提供しています。

徹底した組織体制で顧客をサポート

当社が得意としているのは、相続税分野だけではありません。

個人・法人にかかる所得税や法人税などの申告についても、相続税同様、きめ細やかなサービス提供を徹底しております。毎月必ずご訪問し、ひざをつきあわせた相談対応を行うことで、お客様の事業実態に合わせた、オーダーメイドの経営助言、節税提案に努めております。さらに、各専門家との強力な連携を持ち、お客様には常に最新で高度な専門知識を提供させていただいております。

ランドマーク税理士法人
(東京税理士会麹町支部)
ランドマーク行政書士法人
株式会社ランドマーク不動産鑑定
株式会社ランドマークエデュケーション
株式会社ランドマークコンサルティング
一般社団法人相続マイスター協会

代表者：清田幸弘（税理士／立教大学大学院客員教授）
職員数：429名（税理士24名）

事務所一覧
東京丸の内事務所・本店（東京都千代田区）
新宿駅前事務所（東京都新宿区）
池袋駅前事務所（東京都豊島区）
町田駅前事務所（東京都町田市）
タワー事務所（横浜市西区）
横浜駅前事務所（横浜市西区）
横浜緑事務所（横浜市緑区）
新横浜駅前事務所（横浜市港北区）
武蔵小杉駅前事務所（川崎市中原区）
大宮駅前事務所（さいたま市大宮区）
新松戸駅前事務所（千葉県松戸市）
行政書士法人　湘南台駅前事務所（神奈川県藤沢市）
行政書士法人　朝霞台駅前事務所（埼玉県朝霞市）
行政書士法人　鴨居駅前事務所（横浜市都筑区）

お問い合わせ先
URL https://www.zeirisi.co.jp
E-mail info@landmark-tax.or.jp
無料相談予約専用フリーダイヤル
0120-48-7271（ヨハ セツゼイ）

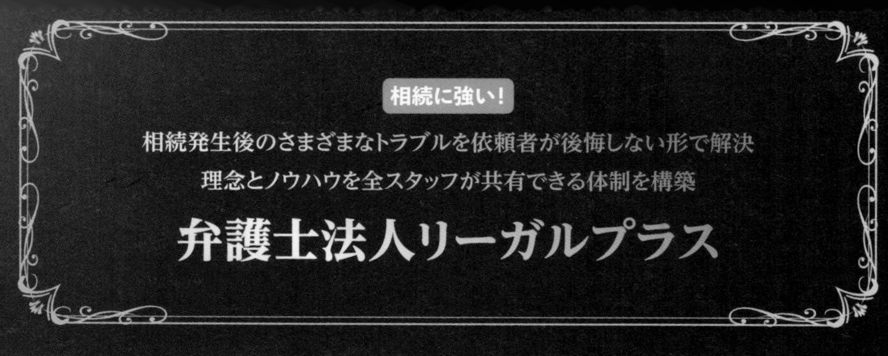

谷 靖介代表

自分の相続分を請求したい　遺産分割案に納得できない
預金の使い込みがある　相続放棄を求められた

後悔・妥協しない相続トラブル解決を目指します!

相談無料　年300名以上の相談実績※

※2020年7月～2021年6月実績

弁護士法人リーガルプラスは、東京に2拠点、千葉に6拠点、茨城に1拠点を展開する弁護士事務所。代表の谷 靖介氏をはじめ19名の弁護士が、各地域に密着した形で顧客のトラブル解決に注力している。特に相続発生後のトラブル解決に強く、年間300件超の相続関連の相談に対応。過去の事例やノウハウを拠点間で共有し、紛争性が強い相続問題を中心に依頼者が「後悔しない解決」を実現する体制を構築している。

1都2県に9拠点を展開する地域密着型の弁護士事務所

弁護士法人リーガルプラスは、弁護士の谷 靖介が平成20年に創設した弁護士事務所です。東京、千葉、茨城の1都2県に9拠点を展開し、代表の谷を含む19名の弁護士、総勢50名のスタッフが所属しています。

リーガルプラスという名称は、「困っている人の役に立ちたい」という想いをスタッフ全員が共有し、自分たちの活動を通じてクライアント・地域社会・構成メンバーのそれぞれに「プラス」があってほしいとの気持ちを込めてつけたものです。

相続トラブルでお困りの方はもちろんのこと、さまざまなトラブルを抱えた人のお力になるため、日々研鑽を積んでおります。

年間300件超の相談に対応相続発生後のトラブル解決に注力

当事務所は、相続問題のなかでも特に「相続発生後に起こるトラブル」の解決に注力しています。

当事務所には、年間300件を超える相続問題に関するお問い合わせが寄せられます。「遺留分を侵害された」「一方的に相続放棄を求められた」「亡くなった親の預金が勝手に使い込まれている」など、トラブルの内容は多種多様です。

遺産分割協議などをきっかけに発生したこれらのトラブルに対し、当事務所はご依頼者の意向に沿いながら、法律に準じて適切な解決を図ってきました。

依頼者が「後悔しない解決」を目指し拠点間でノウハウを共有

当事務所では、相続トラブルの解決に当たって「妥協しない、我慢しない、しっかり主張する」という理念のもと、ご依頼者が「後悔しない解決」を目指しています。

相続トラブルは、ご依頼者の希望や意向によって取るべき解決方法が異なります。当事務所では、拠点間をつなぐ業務システムの活用や、定期的に開催している所内研究会を通して解決事例やノウハウを共有し、さまざまな相続トラブルに対応できる体制づくりを進めています。

大手新聞社の取材もメディアでも積極的に情報発信

代表弁護士の谷は、日本経済新聞社(2021年6月9日夕刊、「やりくり一家のマネーダイニング/相続の基本:法定相続と遺産分割」)や朝日新聞社(相続会議2022年10月27日、「ほかの相続人から納得できない遺産分割を提示されたら?“争族”になる前に弁護士へ相談を」)の取材記事など、紛争性が高い相続問題について、メディアでも積極的に情報発信をしております。

無料相談窓口を設置し法律の専門家が対応

弁護士法人リーガルプラスの各事務所(東京:日本橋・上野、千葉:柏・市川・船橋・津田沼・千葉市・成田、茨城:鹿嶋)は、いずれもアクセスの良い、来所しやすい場所に立地しています。

相続トラブルでお悩みの方は、まずフリーダイヤル0120-13-4895にお電話いただき、状況をお伝えください。法律の専門家が、相続トラブルの解決に向けてしっかりアドバイスいたします。

初回相談は無料ですので、ぜひお気軽にお問い合わせください。

弁護士法人リーガルプラス

代表者:谷 靖介(東京弁護士会所属)
職員数:50名(弁護士19名)
所在地:東京法律事務所(日本橋)、上野法律事務所(上野)、柏法律事務所(柏)、市川法律事務所(本八幡)、船橋法律事務所(船橋)、津田沼法律事務所(津田沼)、千葉法律事務所(千葉市)、成田法律事務所(成田)、かしま法律事務所(鹿嶋)
ホームページ:https://legalplus.jp/
相続相談窓口:
フリーダイヤル 0120-13-4895

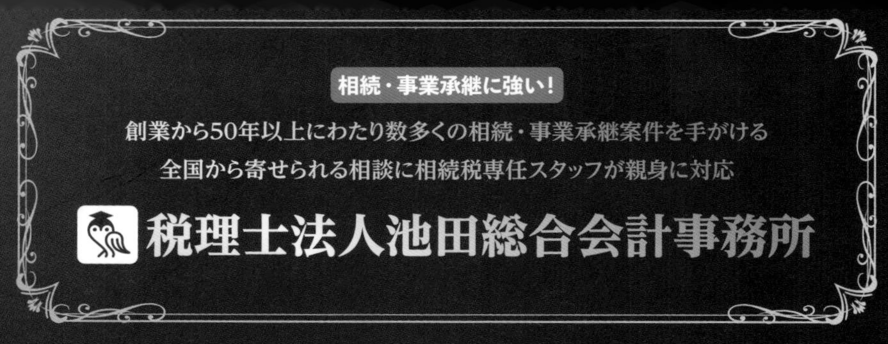

池田陽介代表

税理士法人池田総合会計事務所（埼玉県蕨市）は、創業以来数多くの相続・事業承継案件を手がける。次世代の将来設計を視野に入れた遺言作成や遺産分割、相続税を最小限に抑えた申告書の作成、そして税務調査に至るまで、相続税専任スタッフが手厚くサポートする。

部門ごとに専担者を置いて顧問先を支援

税理士法人池田総合会計事務所は、1965年に設立した池田光雄税理士事務所を前身とし、創業50年にあたる2015年に税理士法人に改組。現在は代表の池田陽介を含む税理士5名、スタッフ総数45名を擁しています。

さまざまな業種の企業や個人事業主の税務会計を担当する一般部門、医療機関の運営サポート・税務会計を担当する医業部門、そして相続業務を担当する相続部門にそれぞれ専担者を置き、業務を遂行しています。

全国から寄せられる相談に誠実に対応

当事務所は創業当時から50年以上にわたり、相続や事業承継案件を数多く手がけてまいりました。所在地の埼玉県南部にとどまらず、全国各地の都市部から山間部まで、あらゆる地域の方からご依頼、ご相談をいただいております。相続税申告のほか、相続税対策として相続税シミュレーションや遺言作成支援、生前贈与も多数扱っております。財産をスムーズかつ円満に次世代へ受け渡すことができるよう、お客様の現状やご要望にじっくりと耳を傾け、お客様の立場に立った誠実な業務遂行を心がけております。

専門家とネットワークを組み
複雑な案件にもワンストップで対応

弁護士・司法書士・不動産鑑定士・土地家屋調査士と緊密なネットワークを築いております。

単なる節税だけではなく、次世代の将来設計まで視野に入れた遺言作成や遺産分割、相続の必要書類の収集、相続登記や金融機関の名義変更手続き、不動産の適切な評価や売却、納税資金の確保、そして適正でかつ節税策を駆使した相続税申告書の作成まで当事務所が窓口となり、お客様のご要望やご相談にワンストップでお応えしています。

また、法人税、所得税、資産税の各分野の国税OB顧問税理士陣のバックアップのもと、お客様の立場に立った申告書作成のみならず、税務調査や複雑な案件にも対応しています。

経験豊富な相続税専任スタッフが
対応する相談窓口を設置

身内に相続が発生したが申告が必要か。相続税の申告を依頼したい。申告書のチェック（セカンドオピニオン）を依頼したい。将来の相続税が心配。相続税を節税したい。また、円満な相続ができるように今から準備しておきたいなど、このようなご相談には、経験豊富な相続税専任スタッフが面談させていただいております。お気軽にお問い合わせください。

なお、相続は生前対策が重要です。より高い効果を上げるには、長い時間をかけることが欠かせません。

税理士法人池田総合会計事務所

代表者：池田陽介（税理士／関東信越税理士会西川口支部）
職員数：45名（税理士5名、公認会計士1名、行政書士1名、社会保険労務士1名）
所在地：〒335-0003　埼玉県蕨市南町4-8-12
URL http://ik-tax.com

相続相談窓口：電話 048-442-2705（代）
メール contact@ik-tax.com

北海道・東北
東京
関東
東海
信越・北陸
近畿
中国・四国
九州・沖縄

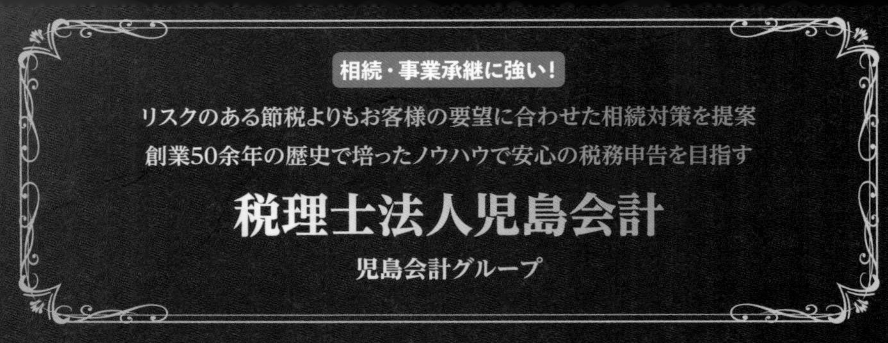

相続・事業承継に強い!

リスクのある節税よりもお客様の要望に合わせた相続対策を提案
創業50余年の歴史で培ったノウハウで安心の税務申告を目指す

税理士法人児島会計

児島会計グループ

児島 修代表

税理士法人児島会計の皆さん

税理士法人児島会計（千葉県船橋市）は、児島修公認会計士・税理士が代表を務める会計事務所。医師や農家の事業承継、相続対策を得意とする。長年のノウハウを生かし、税務調査による否認リスクを最小限に抑えた申告を行っている。

昭和45年に創業
医業特化型の会計事務所

税理士法人児島会計は、税理士の児島敏和が昭和45年に開業した児島会計事務所を母体として、現代表の児島修（公認会計士・税理士）と共に平成23年に税理士法人となりました。会長の児島敏和、代表の児島修を含む8名の税理士、総勢約40名のスタッフが所属しています。

当事務所のお客様は、医業・介護、農業、資産家、中小企業で構成されており、お客様の業種としては医業・介護が最多の医業特化型会計事務所となっております。営業エリアは千葉県北部・中部、東京都を中心に南関東エリアとなっており、農業を第二の軸足としております。

お客様のニーズに合う
相続対策を目指す

代表の児島は、神奈川県の造船所で13年半勤務の後、公認会計士試験に合格し、監査法人にて会計監査に従事しておりましたが、8年前に父の跡を継いで代表社員に就任しました。

不老不死の人間はこの世にいませんので、

医師や農家などの資産家には相続や事業承継が必ず付いて回ります。当事務所ではリスクの高い節税策を強引に勧めたりせず、お客様のご要望に合わせた相続対策を提案するように心がけています。また最近は認知症への事前対策として家族信託へのご要望の声も出始めており、顧問弁護士と共に取り組みを始めております。

創業から50余年で培ったノウハウを駆使した、安心の税務申告

当事務所では、複雑な案件でも税務調査時の否認リスクをできるだけ低くした形での申告を心がけております。土地や自社株式の評価など、申告書は同じように見えますが、そこに盛り込まれるノウハウは創立以来50余年の歴史を持つ当事務所ならではのものと自負しております。毎年何件かは相続税の申告に関する税務調査を受けておりますが、大きな否認事例はほとんどありません。

相続だけでなく診療所や農家の事業承継についてもご相談に応じております。事業が大きくなればなるほど、従業員を抱えた事業を放り出すことができなくなります。私自身も二代目経営者ですので、承継される方の立場に寄り添いながら、承継する側にもご満足いただける事業承継を心がけております。

無料相談窓口を設置 相続の事前対策の相談を受付中

相続や事業承継は一日にして成るわけではないと考えておりますので、相続からのご相談は基本的にお受けしておりません。

資産が大きくなればなるほど相続に向けた事前準備が大事になります。ご心配を抱えていらっしゃる方は、ぜひ当事務所までご相談いただければと存じます。相談料はいただきませんので、お問い合わせいただければと思います。

死後の世界があるかは分かりませんが、もしあったら被相続人は争族の現場をどうすることもできず見ているしかないというのは不幸なことです。相続税のお話だけでなく、必要に応じて顧問弁護士も交えながら事前に相続の準備をされては如何でしょう？

税理士法人児島会計（児島会計グループ）

代表者：児島修（公認会計士・税理士／千葉県税理士会船橋支部）

職員数：41名（税理士8名）

所在地：〒273-0865　千葉県船橋市夏見2-14-1

ホームページ：https://www.kojimakaikei.co.jp/

相続相談窓口：電話 047-424-1988

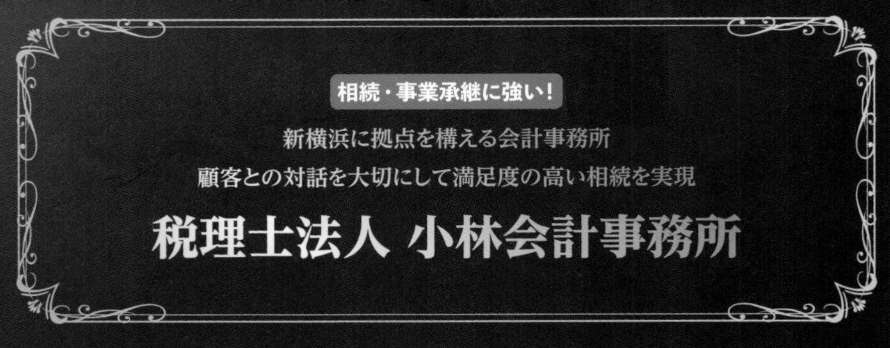

相続・事業承継に強い！

新横浜に拠点を構える会計事務所
顧客との対話を大切にして満足度の高い相続を実現

税理士法人 小林会計事務所

小林 清代表

小林代表と相続支援スタッフの皆さん

税理士法人小林会計事務所は、新横浜に拠点を構える会計事務所。長年、新横浜の中小企業経営者や資産家の相続支援に取り組んでおり、顧客との対話を徹底し、一人ひとりに合ったオーダーメイドの提案をすることを信条としている。

横浜の中小企業を支える会計事務所

税理士法人小林会計事務所は、新横浜に事務所を開設して45年、数多くの法人・個人のお客様をご支援してきた会計事務所です。代表の小林を含む5名の税理士と、総勢70名のスタッフが所属しています。

私たちは、横浜を支える中小企業の経営者の皆様に対して、会計や税務、経営の側面から、さまざまなサポートをしています。また、個人のお客様に対しても、ライフプランや税金のご相談を承っています。開業以来培ってきたノウハウを生かし、お客様のお役に立つことを意識して、日々業務に取り組んでいます。

相続サポート年間100件以上、サラリーマン家庭の支援に注力

当事務所は開業当初から相続のご支援に取り組んでおり、さまざまな知識、技術、経験を蓄積してきました。おかげさまで、現在では相続でお悩みの方のサポートを、年間100件以上行って

います。

なかでも昨今は、いわゆる普通のサラリーマン家庭のお客様のご支援に力を入れています。相続税は、多くの資産をお持ちの方だけに関係のある税金ではありません。私たちは、ひとりでも多くのお客様の身近な存在として、お役に立つことこそが専門家としての義務であり、実績と考えています。

顧客との対話を徹底し、専門家として課題解決に導く

当事務所の特徴は、「お客様との対話を徹底する」ことです。相続の問題点や解決策は、お客様ごとに全く異なります。そのため、お客様との対話を通して、一人ひとりに合ったご説明やご提案をさせていただいています。

もちろん、適正な相続税申告書の作成や、その後の税務調査対応についても万全の準備をさせていただいています。これは、専門家として当然のことだと考えています。

お客様が抱えている相続に係る不安や悩みを専門家として丁寧に伺い、解決のお役に立たせていただく――。その思いをすべてのスタッフが抱いていることこそが、当事務所の一番の強みと自負しています。

相談窓口では些細な相談にも丁寧で誠意ある対応

当事務所は相続相談のための窓口を設けており、お客様のご都合に合わせて、電話やメール、ご面談などでお話を承っています。

私たちはお客様との対話を重視していますので、代表の小林をはじめスタッフ一同、お客様のお気持ちを最優先にした、丁寧で誠意のあるご説明をさせていただきます。

会計事務所には相談しにくいイメージがあるかもしれませんが、当事務所は違います。どんな些細なご相談でも大歓迎ですので、お気軽にお問い合わせいただければ幸いです。

税理士法人 小林会計事務所（横浜相続なんでも相談所）

代表者：小林　清（東京地方税理士会神奈川支部）
職員数：70名（税理士5名）
所在地：〒222-0033
神奈川県横浜市港北区新横浜2-6-13
新横浜ステーションビル1F
ホームページ：https://www.souzoku-yokohama.com
相続相談窓口：電話 0120-915-745

相続・事業承継に強い！

創業以来55年の実績を誇る老舗会計事務所
積み重ねた実績に裏付けられた経験豊富な相談相手として
相続専任税理士を中心に案件一つひとつへの親身な対応が支持されている

冨岡弘文税理士事務所

冨岡弘文代表

冨岡弘文税理士事務所の皆さん

冨岡弘文税理士事務所（神奈川県相模原市）は、創業以来55年の実績を持つ老舗会計事務所。所長の冨岡弘文税理士と相続専任税理士を中心に一つひとつの案件ごとに議論を重ねる体制を構築、最善の相続対策、相続税申告へ導く。また、万全の税務調査対策として、全ての相続税申告に書面添付制度を導入している。

創業以来55年の実績を持つ会計事務所

冨岡弘文税理士事務所は、昭和44年に先代税理士が開業し、平成14年に現在の所長が引き継ぎました。現在は所長を含め、4名の税理士と1名の税理士資格者、総勢で12名です。

顧問先様には創業以来50年以上、共に発展してきた会社がある一方、近年の起業支援も多く手掛けております。業種では建設業・不動産業が多いです。

相続のご相談も多く、女性税理士1名が、相続税申告業務専任です。

相続専任税理士が最善の相続対策・相続税申告を提案

所長の冨岡は、生命保険会社・ハウスメーカー・その他諸団体からの依頼で相続対策セミナーを200回以上開催し、税務相談会の講師経験も豊富です。そうしたご縁から相続に関する相談を受けることも多く、相続対策に加え、近年は年間20件程の申告業務を承っています。

所長と相続専任税理士を中心に、他の税理士も交えて案件ごとに議論を重ね、ご依頼くださった方と、そのご家族にとって最善となるように取り組んでいます。

相続人に寄り添った親身な対応と書面添付制度の導入で万全の税務調査対策

親身になって対応することを通じて、相続人の皆様に寄り添い、将来への安心も感じていただけたらと思っています。

税務申告に当たっては、財産評価の様々なポイントを複数の税理士により徹底的に検討します。

また、すべての相続税申告書に書面添付制度を導入し、財産調査等で確認したこと等を基に詳しい報告をしています。税理士による丁寧な事実確認と、それに基づいた正しい申告が為されたことを伝えることで、税務調査が入る可能性が下がります。

さらに、お客様に対しては、申告前に説明会の機会を設け、私共が確認したことに基づき行った判断などについての業務報告書をお渡しし、ご好評を頂戴しております。

気軽に相談できる初回無料相談窓口を設置

所長の冨岡は、各所で相談会の講師を務めておりますが、事務所へ直接お問い合わせいただければ、女性税理士をはじめとするスタッフ皆が、丁寧に対応いたします。

既に相続が発生している場合も、将来のことが気になる場合も、ホームページから弊所の様子をご覧いただき、電話やメールで、面談の希望をお伝えいただけましたらと存じます。初回相談は無料ですので、ぜひお気軽にお問い合わせください。

冨岡弘文税理士事務所

代表者：冨岡弘文（税理士／東京地方税理士会相模原支部、行政書士／神奈川県行政書士会相模原支部）

職員数：12名（税理士4名、税理士資格者1名）

所在地：〒252-0303 神奈川県相模原市南区相模大野8-7-7 悠々スクアール相模大野2F

URL https://www.tomi-kaikei.jp

相続相談窓口：電話 042-742-9916

メール info@tomi-kaikei.jp

相続・事業承継に強い！

女性ならではのきめ細かな感性を大切にする会計事務所
適正な申告書作りへの取り組みと、顧客の悩みに寄り添う姿勢が魅力

中山美穂税理士事務所

中山美穂代表

スタッフは女性が中心で、顧客の相談に丁寧に対応

中山美穂税理士事務所は、埼玉県和光市に拠点を構える会計事務所です。代表の中山美穂税理士は、女性ならではのきめ細かな気配りでお客様のお悩みに対応します。なかでも相続税申告に関しては、税理士法33条の２書面添付制度を導入し、税務申告の適正さを税理士が保証しております。

お客様をさまざまな角度から支援します

中山美穂税理士事務所は平成23年に開業しました。代表の中山美穂のほか、5名の女性スタッフ（うち2名が社会保険労務士）が所属しています。当事務所のお客様はその業種はさまざま、そのステージも起業直後から事業承継まで多岐にわたります。

そのため業務は会計・税務にとどまりません。創業期には管理体制の構築を含めたスタートアップサポート、成長期には黒字化実現に向けての経営助言や資金調達のお手伝いのほか、業務改善・経営改善への取り組みなど広く経営支援サービスを請け負います。

相続を「争続」にしない長期的なサポート

代表の中山は、都内の公認会計士事務所に13年間勤務し、比較的規模の大きな相続案件への対応を数多く担当しました。独立開業後も引き続き相続支援に注力し、「お願いするなら女性の税理士が望ましい」というお客様や、生命保険会

社、弁護士、司法書士の方々から多くのご依頼、ご紹介をいただき、都内または埼玉県下の不動産所有者の方々から相続のご相談をお受けしております。

お客様が10人いらっしゃれば10人の方それぞれのお悩みや懸案事項がございます。私たちは個々のお客様に寄り添い、それぞれの方々に必ずお会いして相続に関するご相談や申告に関するアドバイスとご提案を行います。相続が親族間の争い「争続」とならぬようそれぞれ相続人の方々のご意見を伺う中で、相続税申告完了後も引き続きサポートをしてほしいという嬉しいお声をいただいております。

相続支援は一時的、スポット的な関与のイメージがありますが、その関与は相続開始前から相続発生後も長きにわたり、常にお客様と向き合ったサポートをさせていただいています。

強みである土地の評価と税理士法33条の2書面添付制度の導入について

当事務所の相続支援における強みは土地の評価です。現地調査を行い、役所に足を運び、お客様へのヒアリングを重ねたうえで、正確かつ柔軟な発想をもって土地の評価をさせていただきます。必要に応じて弁護士、土地家屋調査士等の専門家と連携し、お客様にご納得いただける評価方法を検討いたします。

さらに、相続税申告の内容につきその適正さを保証する税理士法33条の2の書面添付制度を導入しております。この書面を申告書とともに税務署に提出することにより税務調査の対象となる可能性が大きく下がります。

女性ならではの雰囲気づくりで相続の悩みに寄り添う

当事務所では、ホームページの問い合わせフォームからご連絡をいただくと代表の中山とスタッフが対応させていただきます。相続対策は他人には相談しづらい内容が多いものです。生い立ち、親類との関係等「誰に相談してよいのかわからない」というお声や「そもそも何から相談すればよいのかわからない」というお話をよく伺います。当事務所は中山含む6名全員が女性です。女性ならではの話しやすい雰囲気づくり、きめ細かな気配りをモットーとしております。お悩みを抱え続けることなく、お気軽にご一報ください。プロとしてご納得いただけるまでお手伝いさせていただきます 。

中山美穂税理士事務所
代表者：中山美穂
（関東信越税理士会朝霞支部）
職員数：6名（社会保険労務士2名）
所在地：埼玉県和光市丸山台1-4-3-502
ホームページ：
http://tax-nakayamamiho.jp/
相続相談窓口：
電話 048-424-4360
メール info@tax-nakayamamiho.jp

北海道・東北 / 東京 / 関東 / 東海 / 信越・北陸 / 近畿 / 中国・四国 / 九州・沖縄

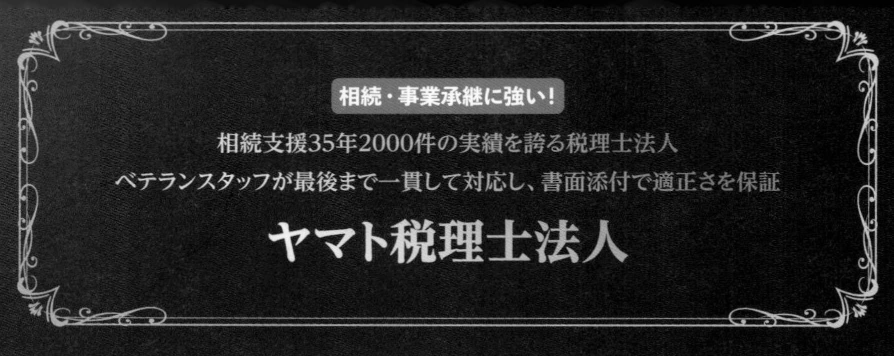

相続・事業承継に強い！

相続支援35年2000件の実績を誇る税理士法人
ベテランスタッフが最後まで一貫して対応し、書面添付で適正さを保証

ヤマト税理士法人

北村喜久則代表

丁寧で分かりやすい対応が信条のヤマト税理士法人の皆さん

ヤマト税理士法人は、さいたま市南区に拠点を構える会計事務所。35年以上にわたり相続支援業務に取り組んでおり、扱った案件は2000件を超える。資産税に精通したベテランスタッフが、顧客の相談に最後まで一貫して対応する。

さいたま市近隣の中小企業を支援する会計事務所

ヤマト税理士法人は、代表を務める税理士の北村喜久則が昭和58年に開業した北村税理士事務所を母体に、平成22年に設立された税理士法人です。代表の北村を含む7名の税理士、総勢約30名のスタッフが所属しています。

当社のお客様はさいたま市の中小企業とその関係者が多く、業種としては不動産関連が最多となっています。また、個人の資産設計を支援する「FP業務」にも力を入れています。

相続対策の提案に関する35年2000件の豊富な実績

当社は、個人事務所時代から35年にわたり相続支援業務に取り組んでおり、これまでに取り扱った相続件数は2000件を超えます。そして現在も、年間30～60件程度扱っています。

お客様のなかには昔からの地主さんも多く、相続対策の提案を通じ、多種多様な支援の実績を積んできました。例えば土地の評価は、ひとつ間違えると数字が大きく変動するリスクの高い分野です。当社はこれまでに培った豊富な経験と緻密な制度の分析をベースに、時には大胆な発想でお客様に満足していただける提案をしています。

また、亡くなった方しか知らない不明瞭な銀行取引も、適正な申告と認められるためのノウハウを知り尽くした担当者が徹底的に分析し、完成度の高い申告書を作成しています。

経験豊富なスタッフが一貫サポート 書面添付で申告書の適正さを保証

当社では、優先順位として①争族対策、②納税資金対策、③相続税対策の順が、後悔せず納得感が得られる相続の進め方であると確信し、資産税の経験の深いスタッフが相続関係者の意向を真摯に考えながら対応します。

また、緻密な税務調査対策を行い、家族名義預金のように指摘を受けそうなポイントについては、丁寧な説明文書を添付し、可能なかぎり疑念をもたれないように申告書を作成しています。さらに全ての申告書は、不動産評価に特化した顧問税理士、国税幹部OBの厳しいチェックを受け、税理士が申告書の適正さを保証する書面添付を行っています。

初回無料相談で 相続の不安に丁寧に対応

当社は相談窓口として、ホームページ「浦和相続サポートセンター」と、フリーダイヤルを用意しています。初回1時間無料相談を行っており、ご予約をいただければ、代表の北村と担当スタッフが、当社にて丁寧にお話を伺います。

また、当社が導入している最新鋭の「相続診断シミュレーションシステム」Smileに顧客データを入力することにより、幅広い分析データや対策シミュレーションを作成して提案に役立てています。当社は相続の不安を抱えている方に、分かりやすく丁寧に説明させていただきますので、ぜひお気軽にお問い合わせください。

ヤマト税理士法人

代表者：北村喜久則（税理士／関東信越税理士会浦和支部）
職員数：30名（税理士7名）
所在地：〒336-0022
埼玉県さいたま市南区白幡4-1-19　TSKビル5階
相続相談窓口　フリーダイヤル：0120-634-006
ホームページ：https://www.yamatotax.com/
電子メール：tax@yamatotax.or.jp

相続・事業承継に強い！

創業から1,000件を超える相続の実績

相続専門スタッフがもうひとりの「家族」として円満な相続で家族の絆を守る

横浜みなとみらい税理士法人

横浜みなとみらいグループ

浅木克眞代表

浅木代表と資産税部の皆さん

横浜みなとみらい税理士法人（神奈川県横浜市）は、浅木克眞税理士が先代から承継し、創業70年を迎える会計事務所。年間70件以上の相続案件を扱い、申告のほか、生前対策や遺言作成支援に注力し、お客様の家族の絆を守る。

横浜のお客様を支えて70年
「三幸の精神」で社会に貢献する

代表の浅木克眞税理士が2000年に先代の事務所を承継して開業した浅木克眞税理士事務所は、2022年1月に法人化し、横浜みなとみらい税理士法人となりました。先代から通算して創業70年を迎えます。

当事務所は、お客様と事務所と従業員の三者の幸せを同時に追求する「三幸の精神」を目指し、同時に社会に貢献するという経営理念を掲げ、日々、自己研鑽に努めております。

相続対応は年間70件以上
お客様を継続支援する体制あり

創業から1,000件を超えるご相続のお手伝いをしてきました。これまでお客様のご相続が「争族」とならなかったことが、私たちの最大の喜びです。お客様の幸せに貢献しながら、より多くの仕事の機会をいただき、事務所として活躍の場を広げることができました。

現在、年間70件以上の相続税申告、相続相談、相続シミュレーション、生前対策および遺言作成サポートに力を入れて、お客様の円満なご相続を目指しております。また、近年では成年後見に関するご相談が増えており、ご相談者様が安心して生活できるように、成年後見制度の支援にも力を注いでおります。

このほか、定期的なご訪問やご連絡でお悩み事をお聴きして、幅広いニーズにお応えする資産税コンサルティングの月次顧問契約を結び、お客様の世代を超えて末永く寄り添う事務所として努めております。

もうひとりの「家族」として 円満な相続で家族の絆を守る

一番の相続財産は、「家族の絆」です。ご相続により「家族の絆」をこれまで以上に強くすることが最も大切です。大切な家族が争う「争族」を望む方はいません。当事務所は、一人ひとりのお客様と向き合い、もうひとりの家族のような存在として相談できるパートナーを目指しております。

初めてご相続を迎えられる方は多いと思います。何をどうしたらよいかご不安になる方も少なくありません。当事務所では、まず今後の流れを明らかにして、丁寧でわかりやすい説明をさせていただき、皆様のご不安を和らげることに努めております。

また、相続税申告および相続の諸手続きのために行うさまざまな書類の収集は、ご相続人にとってご負担になることがあります。当事務所では、書類収集から相続の諸手続きについても、お客様に代わりサポートを行っております。

併せて弁護士・司法書士・不動産鑑定士などの外部の専門家と連携し、お客様のすべてのお困り事の窓口として、ワンストップでのご対応をしております。

資産税スタッフによる丁寧な説明で 相続の不安を解消

当事務所は、代表の浅木や資産税スタッフがお客様のご相談に応じています。初回相談は無料です。残されたご家族が安心して一日も早く笑顔を取り戻すことのできる円満なご相続を実現するために、ご生前の相続対策を行うのに早過ぎるということはありません。

お客様のご状況やご要望をお聞きしたうえで、最適なサービスをご提案させていただいております。まずはお気軽にお問い合わせください。

横浜みなとみらい税理士法人（横浜みなとみらいグループ）

代表者：浅木克眞（税理士／東京地方税理士会横浜南支部）
職員数：29名（税理士2名）
所在地：〒235-0005
神奈川県横浜市磯子区東町15-32
モンビル横浜根岸301
ホームページ：https://www.asagi-tax.com/
相続相談窓口：電話 045-751-2734
メールa.a.c@mocha.ocn.ne.jp

北海道・東北　東京　関東　東海　信越・北陸　近畿　中国・四国　九州・沖縄

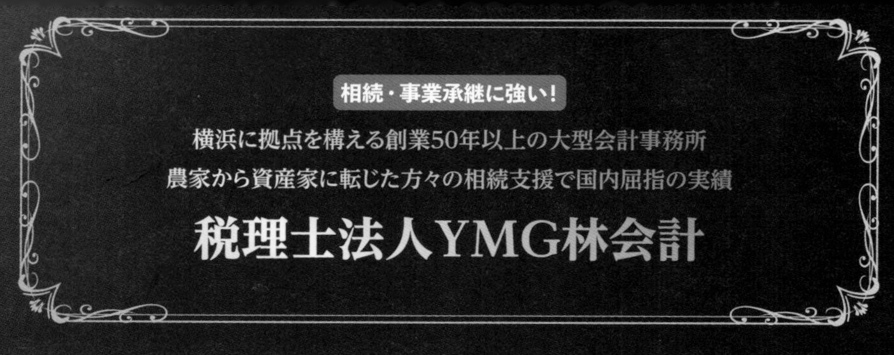

相続・事業承継に強い！

横浜に拠点を構える創業50年以上の大型会計事務所
農家から資産家に転じた方々の相続支援で国内屈指の実績

税理士法人YMG林会計

林 充之代表

相続のさまざまな相談に応える YMG 林会計

税理士法人YMG林会計は、創業50年以上の大型会計事務所。相続支援に関する豊富なノウハウを有する。お客様ごとに100人体制で専門チームを組む万全のサポート。税務署からの是認率97%超は圧倒的な実績。

横浜に根差して
地域の資産家と共に50年以上

税理士法人YMG林会計は、横浜に根差して50年以上。横浜といっても郊外の東急田園都市線沿線にあり、昔は農家、今では資産家という方々に支えられ、共に育ってきた会計事務所です。

YMG林会計はこうして地域の発展を通し、土地の評価減のノウハウを積み上げてきました。ネットが発達した現在でも、私たちは必ず現地に足を運び、現地では正確な評価のために必要な計測も行います。ドラマではありませんが、相続は現場で起きています。現場に行くからこそ見えてくるものがあり、お客様と心が通うものと心しております。

今では相続においては全国でも屈指の事務所と自負しています。故人の遺志をしっかりと受け止め、未来への引き継ぎのお手伝いをすることを旨としています。

税務署からの是認率97%超
安心できる相続税申告を実現

YMG林会計が申告した相続税は税務署からの是認率が97%超。国税OB税理士を含む経験豊かなスタッフが、100人体制でお客様ごとに専門チームを結成し、万全のサポートをしている結果でもあります。

相続発生後の名義書き換えなどの煩雑な手続きは、YMGグループ内の相続手続支援センター神奈川がアドバイスだけでなく、平日しか開いていない役所への対応も直接いたしますので、忙しいビジネスマンの方も仕事を休まれる必要がありません。

YMG林会計の相続税申告の大きな特長として、お客様への税務署からの調査を極力減らすべく独自の書面添付制度を100％導入しております。書面添付制度とは、税務当局による調査の事前通知前に、税理士がどう申告書を調製したのか、添付書面や税理士の意見の陳述を通して明らかにすることにより、税務執行の円滑化・簡素化を図る制度です。これによって、税務当局が実地調査に移行せず、税理士の陳述のみで完了することも可能です。

もうひとつの特長は、事務所内部に有する審理課部門です。この部門が税務署サイドからの視点に耐えうる厳しい二重のチェック機能を果たし、常に申告書作成のサポートをしています。これにより、税務署からの申告是認率は他の事務所の追随を許しません。

次世代へ想いに寄り添うパートナー

YMG林会計では、初回相談からお見積もりまでは無料です。何でも相談できるコンシェルジュを目指しています。セカンドオピニオンとしてもご活用いただけます。

また、事前の相続対策についてもご相談を受け付けています。相続対策は、まず事前にお客様の財産の全体像をつかみ、将来発生する相続税の予想額を把握することからスタートします。そして、ご家族の未来についてご意向を伺いながら、相続対策を計画し、どのように実行していくかを明確にしていきます。対策に早すぎるということはありません。まずはお気軽にフリーダイヤル0800-800-7884までお電話ください。

税理士法人YMG林会計

代表者：林 充之（東京地方税理士会緑支部）

職員数：約100名（税理士約10名）

所在地：〒226-0025　横浜市緑区十日市場町861-6

ホームページ：https://www.ymgnet.co.jp/

相続相談窓口：フリーダイヤル 0800-800-7884

メール info@ymgnet.co.jp

相続・事業承継に強い！

地元企業に寄り添いながら年間1,000件の相続・贈与案件を扱う
税務から保有資産の活用まで幅広いニーズに対応する

税理士法人 YGP鯨井会計

つくば相続サポートセンター

鯨井規功代表

資産税部門の皆さん

税理士法人YGP鯨井会計（茨城県つくば市）は、鯨井規功税理士が代表を務める会計事務所。税務にとどまらず、相続手続き代行、保有資産の活用、納税資金対策、事業承継対策、遺言や家族信託の提案など相続や事業承継に関する豊富な実績を活かし、顧客のニーズに対応している。

地元企業のニーズに応じ続ける 創業59年の会計事務所

税理士法人YGP鯨井会計は、会長である社員税理士の鯨井基司が昭和39年に税理士事務所を開設して以来、一貫して「地元企業と共に生きる」・「学卒者を採用する企業を育成する」を理念とし、業務を進めて参りました。

地元企業の多くは中小企業ですが、中小企業は資本的に規模が小さいというだけでなく、人材的にも情報的にも大企業と比較すると大きく不足しています。

私どもYGP鯨井会計が地元の中小企業と共に生きると考えたとき、最も大切なことは、その不足している業務をお手伝いすることだと認識しました。

多岐にわたるお客様のニーズに対応するため、当事務所では、部門ごとに専担者を設け、最新の情報をお客様に提供し続けています。

相続部門の専担者は9名で、うち4名が税理士になります。

税務に留まらない相続対策の提案
年1,000件の相続・贈与を扱う

顧問先のお客様に対しては、将来の事業承継対策や自社株対策を含めた相続対策を提案し、一般のお客様に対しては、年4回以上の相続対策セミナーや個別相談会を通じて、事前の相続対策などを提案しています。

相続税の申告にとどまらず、資産活用の提案や、高齢化社会における認知症対策として家族信託や遺言を活用する資産の承継手続きの提案にも力を入れています。

こうした活動が実を結び、相続・贈与を合わせて年1,000件以上の案件を取り扱っています。

二次相続を考えた資産活用の助言
国税OB・司法書士・弁護士と連携

当事務所の大きな特徴としては、税務申告業務において、国税局OBによるダブルチェックを実施し、税務調査にも十二分に対抗できる申告を実施していることです。

また、グループ会社である「つくば相続支援センター」を介して、二次相続を視野に入れた保有資産の活用や、保険契約を見直した納税資金対策など、資産全般に関わるアドバイス業務を、「YGP鯨井行政書士法人」を介して個人信託手続き業務をおこなっております。

司法書士、弁護士との連携体制も整えているため、ワンストップでのお手続きにも対応可能です。

第2・第4火曜日は無料相談を実施
ご予約はお早めに

当事務所は相続相談窓口を設置し、電話やメールでの相談に応じています。毎月第2・第4火曜日を無料相談の日と定め、事前予約のもと1時間無料にてご相談を承っています。

ぜひお気軽にお問い合わせください。

税理士法人 YGP鯨井会計

代表者：鯨井規功（税理士／関東信越税理士会土浦支部）
職員数：76名（税理士6名）
つくば事務所：〒305-0051 茨城県つくば市二の宮3-7-5
TEL 029-856-8066
下妻事務所：〒304-0068 茨城県下妻市下妻丁131
TEL 0296-43-1133
ホームページ：https://www.kujirai-kaikei.com/
相続相談窓口：つくば相続サポートセンター フリーダイヤル 0120-568-801

相続・事業承継に強い！

税理士を中心とした専門家チームが事業承継を長期的に支援
国税OB税理士のチェックと書面添付で万全の税務調査対策

イワサキ経営グループ

相続手続支援センター静岡

岩﨑一雄会長（左）と
吉川正明社長（右）

イワサキ経営グループの皆さん

イワサキ経営グループは、静岡県沼津市と静岡市に拠点を構える大型会計事務所グループ。相続業務だけを行う専門部隊を有しており、相続税申告で年間160件、相続税のかからない相続手続支援でも年間450件という大きな実績をもつ。

静岡県に展開する大型会計事務所グループ

イワサキ経営グループは、税理士の岩﨑一雄が昭和48年に開業した会計事務所で、静岡県沼津市と静岡市に事務所があります。スタッフ総勢120名で、お客様のさまざまな課題をワンストップで解決する体制を整えています。

また、当事務所は個人の確定申告を毎年1500件以上行っており、その中でも特に不動産賃貸業や農業などで全体の5割を占めます。そのほかにも、資産家や投資家に対するコンサルティング、相続対策などにも力を入れています。

相続手続支援年間450件 相続税申告年間160件の実績

当事務所は相続業務に30年以上取り組んできた歴史があり、その営業ノウハウ、品質ノウハウを求め、全国から多くの同業者が会社見学に来られます。また、近年は、相続税申告については静岡県外からのご依頼も増え、多くのお客様からも厚い信頼をいただいております。

相続手続支援と相続税申告の専門部隊を設置

当事務所の大きな特長は相続の専門部隊を持っていることで、そこに所属するスタッフは、相続業務だけを行っています。専門スタッフの数は20名以上、資産税に強い税務署OB税理士も3名所属しています。

また、一口に相続といっても、相続税申告業務と、相続税のかからない相続手続支援業務は内容が異なりますので、そこもさらに部門を分けて業務を行っています。そのため、相続税がかからない方にも、手続支援業務を通じてしっかりとサポートをさせていただいています。

相続税申告においては、税務調査が入る可能性が大幅に下がる書面添付制度をすべてのお客様に導入しています。資産税専門の税務署OB税理士が、可能なかぎりお客様に有利になる申告書を作成し、なおかつ税務調査の極めて少ない申告を実現しています。

こうした当事務所の体制は、おかげさまで金融機関や取引業者様から高く評価していただいています。そして、「相続に強い事務所」として、多くのお客様を紹介していただいています。

相続専門相談窓口を設置

当事務所は、相続専門の相談窓口として、「相続手続支援センター静岡」のフリーダイヤル（0120-39-7840）をご用意しています。

こちらにお問い合わせをしていただくと、相談員が丁寧に対応いたします。相続の相談は年間で600件以上いただいており、経験豊富なスタッフが、お客様の心配を少しでも軽減できるよう努めます。

電話だけでは個別の相談までは伺えませんので、お問い合わせいただいたあとは、当事務所へ来ていただくか、相談員がお客様の許へ訪問します。最近ではオンラインでの相談も増え対応しております。その際の相談は全て無料ですので、お気軽にお問い合わせください。

イワサキ経営グループ（相続手続支援センター静岡）

代表者：岩﨑一雄（東海税理士会沼津支部）、吉川正明
職員数：120名
所在地：本社（静岡県沼津市）、支社（静岡県静岡市）
ホームページ：
相続手続支援センター静岡 https://souzoku-shizuoka.jp/
税理士法人イワサキ相続税申告専用 https://shizuoka-sozokuzei.com/
相続相談窓口：フリーダイヤル 0120-39-7840

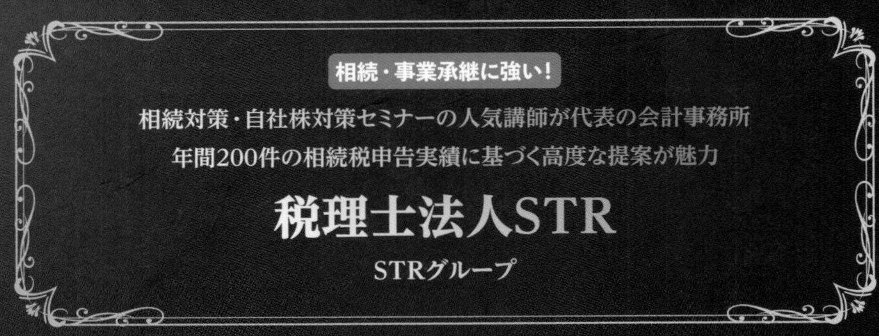

小栗 悟代表

小栗 悟代表とスタッフの皆さん

税理士法人STRは、名古屋市に拠点を構える会計事務所。代表の小栗 悟税理士は相続対策や自社株対策の専門家で、多数の著書や講演活動で知られている。年間200件の相続税申告の実績があり、豊富な実績に基づく高度な提案が強み。

資産税を強みに幅広い分野で資産家・経営者を支援

税理士法人STRは、税理士の小栗悟が平成4年に設立した税理士事務所です。税理士6名、社会保険労務士、司法書士、行政書士を含む総勢45名のスタッフが所属しており、相続専門スタッフも12名在籍しています。

当事務所のお客様は、中小企業から上場企業まで、規模も業種も多種多様です。当事務所は相続や事業承継などの資産税を強みとしていますので、オーナー経営者の自社株対策や相続対策などを含む、幅広い分野でお客様をサポートしています。

年間200件の相続税申告で豊富なノウハウを蓄積

代表の小栗は、銀行勤務の後に税理士の資格を取得しました。大手監査法人で資産税部門の立ち上げに関わった経験があるほか、相続・事業承継に関する書籍の執筆や、講演活動を多数行っています。

現在は年間200件の相続税申告を行

っており、特殊な案件に対する豊富なノウハウを蓄積しています。その結果、特に金融機関などから「相続に強い」という評価をいただいています。

また、複雑な土地評価に始まり、会社法、組織再編税制を活用した最新の事業承継対策のご提案ができることが最大の強みです。

相続の事前対策から申告後のケアまで相続人を長期的に支援

当事務所は相続発生後の手続きだけでなく、生前対策から幅広く対応しており、ご提案から実施、その後のサポートまでを責任をもって行っています。

相続対策を考える場合、相続税や贈与税をはじめとする資産税はもちろんのこと、所得税や法人税、さらには民法、会社法といった幅広い法律の知識が必要です。当事務所はこれまでに積み上げたノウハウにより、多種多様なプランのご提案をいたします。

また、併設している行政書士事務所が遺言書の作成から遺産整理手続きまで対応し、相続のあらゆる局面でお客様をサポートできる体制を整えています。さらに司法書士、弁護士とのネットワークを生かし、専門的で付加価値の高い業務を提供できます。

司法書士法人STRが提案する信託型事業承継対策

当事務所では、名古屋本部に司法書士法人を併設しており、信託型の事業承継対策を提案しております。

信託契約を利用することにより、自社株の議決権と財産権を分離して経営権は後継者に、財産権は相続人内で平等になるようにするなど、複雑な相続の問題にも解決策をご提供できます。

税理士法人STR、司法書士法人STRともに初回のご相談、自社株対策のご提案などは無料ですので、ぜひお気軽にお問い合わせください。

税理士法人STR

代表者：小栗 悟（税理士／名古屋税理士会中村支部）
職員数：45名（税理士6名、司法書士1名、行政書士1名）
所在地：名古屋本部 愛知県名古屋市中村区那古野1-47-1
名古屋国際センタービル17F
岐阜本部（岐阜県岐阜市）
ホームページ：http://www.str-tax.jp
相続相談窓口：電話052-526-8858

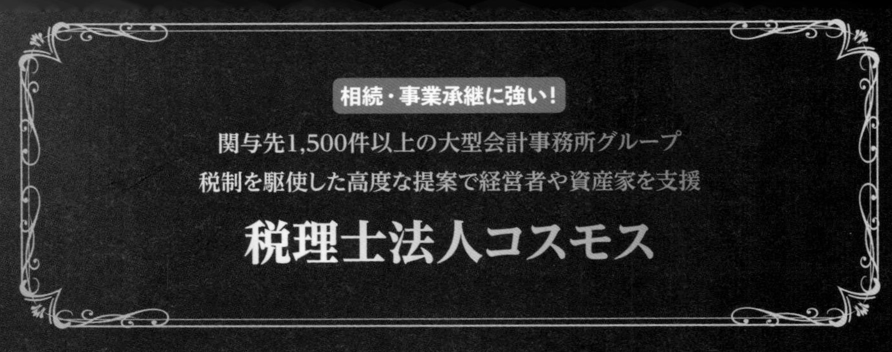

税理士法人コスモスは名古屋、東京、大阪、福岡に拠点をもつ大型会計事務所グループ。相続の支援に特化した資産税チームを擁し、税制を駆使した高度な自社株対策や事業承継対策の提案を得意としている。

1,500件の関与先をもつ 大型会計事務所グループ

税理士法人コスモスは、会計事務所や経営コンサルティング会社などで構成されるコスモスグループの中核部門です。公認会計士の野田賢次郎が昭和57年に開業した会計事務所が母体となっており、税理士法人に組織変更をしたのは平成15年です。現在は、2名の公認会計士、12名の税理士を含む約50名のスタッフが所属しています。

当事務所のお客様は、中堅・中小企業を中心に約1,500件あり、税務やコンサルティングを中心に、あらゆる業種を幅広く支援させていただいています。そのため、当事務所には中堅・中小企業の経営者、上場会社の社長や会長、資産家の方から、相続対策、事業承継のご相談が多く寄せられています。最近では、開業医の先生や医療法人などのお客様も増えています。

開業以来一貫して 相続支援業務に注力

代表の野田は、開業以来一貫して、相続対策支援に力を入れてきました。大規模な案件の申告を多数扱っており、

現在も毎年30件以上の申告案件を扱っています。

私たちは相続が開始してからの申告業務だけでなく、生前の相続・事業承継対策にも力を入れています。特に創業者や企業オーナーのための自社株対策については多数の実績を積み重ねています。当事務所はこの分野において業界のトップクラスの実績があり、お客様からも大変高く評価していただいています。

また、税務調査があったときには、最後まで粘り強く対応しており、その姿勢に感動すると仰ってくださるお客様もいらっしゃいます。

次世代への自社株の スムーズな承継を実現

当事務所は自社株対策、事業承継対策を得意としています。合併、会社分割、株式移転、株式交換などの企業組織再編税制、グループ法人税制などを活用し、放っておくと高額になる自社株を次世代へスムーズに承継できるようにご提案しています。

また、個人のお客様には生前に相続税の概算計算を実施し、相続税額、納税方法、遺産分割など、あらゆる角度から総合的なご提案をしています。

資産税に特化した資産税チームが あらゆる相談に対応

当事務所には資産税に特化した資産税チームがあり、相続専門窓口も開設しています。財産総額10億円以上の経営者の方から、1億円弱の個人のお客様まで、幅広く対応させていただいています。

相続は、事前の対策が大切です。相続税の簡易試算、生前贈与の活用方法のご提案や遺言書の作成などもお手伝いしていますので、ぜひお気軽にお問い合わせください。初回の相談は無料にて承ります。

税理士法人コスモス

グループ代表：野田賢次郎
（名古屋税理士会名古屋中支部）
代表社員：鈴木成美
（名古屋税理士会名古屋中支部）
代表社員：三好茂雄（九州北部税理士会博多支部）
社員：田口博司（東京税理士会上野支部）
社員：辻村哲志（近畿税理士会西支部）

職員数：約50名（公認会計士2名、税理士12名、他スタッフ）
所在地：名古屋本部（名古屋市中区）
東京本部（東京都台東区）
大阪支部（大阪市西区）
福岡支部（福岡市博多区）

ホームページ：https://cosmos-gr.co.jp/（税理士法人コスモス）
https://cosmos-gr.co.jp/shisanzei/（税理士法人コスモス資産税チーム）

相続相談窓口：名古屋本部 052-203-5560㈹　福岡支部 092-474-0313㈹

相続・事業承継に強い！

親族内承継からM&Aまであらゆる事業承継をサポート
事業承継だけでなく成長戦略としてのM&Aを推進

一般社団法人中部経営会計支援協会

大樹グループ

村平 進代表

一般社団法人中部経営会計支援協会（愛知県一宮市）は、経営理念に『しあわせ』を掲げる大樹グループにおいてMASやM&Aを支援するコンサルティングを担当。事業承継だけでなく成長戦略としてのM&A支援にも注力し、顧客、スタッフ、地域社会の「しあわせ」の実現を推進する。

MAS業務やM&A業務を通じて事業承継問題の解決を支援

一般社団法人中部経営会計支援協会は、税理士法人を母体とする大樹グループのコンサルティング業務を担当しております。大樹グループには税理士をはじめとする各種専門スタッフが在籍し、総勢50名で構成される事務所です。

弊社は、MAS業務やM&A業務を通じて事業承継問題の解決を支援しております。後継者・幹部育成のための経営会議の運営、そしてM&Aを利用した経営戦略の実行を通じて後継者問題の解決に取り組んでおります。

成長戦略としてのM&Aを積極的に推進

後継者・幹部育成のための経営会議の運営には20年以上の実績があり、累計で200社を超える導入企業で成果を上げております。幹部が育ち、組織化・仕組み化が実現することで、業績が向上するだけでなく、スムーズな事業承継も可能になっております。お客様の状況やニーズに応じた提案を行い、幹部研修の実施、経営会議の設計・運営、人事制度の構築など、必要な対応をワンストップで提供しております。

また、M&Aを経営戦略に組み込むことは、さらなる事業の発展はもちろん、後継者不在問題の解決にも大きな力となります。100社を超えるお客様に対してM&Aを用いた経営戦略立案・実行を支援してきました。新しいマーケットへの進出や新たな商品・サービスの開発により、シナジーを生み出し、お客様の経営を飛躍させてきました。資本提携によって必要なリソースを獲得し、経営の選択肢が大幅に増え、環境変化に対する柔軟性も向上しました。

各種専門家と連携し時代の変化に対応したサポートを提供

弊社の大きな特徴は、お客様の状況に応じた柔軟な対応を、お客様と共に進めていることです。事業承継問題には一概に答えがありませんので、常に複数の選択肢を検討しながら対策を進めていきます。親族内承継を前提とした場合でも、後継者育成だけでなく、幹部育成も同時に進めることで、より強固な経営体制を作るだけでなく従業員への承継も検討できるようになります。また、M&Aについては、常に株価や市場動向などの情報を提供し、資本提携や経営の移譲について適時適切な判断ができる環境を整えております。

さらに、税理士法人を中心としたグループの一員として、税理士を始めとした各種専門家との連携を深め、最新のテクノロジーを取り入れた経営支援を行うなど、常に時代の変化に対応したサポートを心がけています。

お客様の「しあわせ」を実現する

大樹グループはお客様のニーズに対して的確に対応できるよう、複数の担当者が関わりながらサポートを行っております。

初回面談では、お客様のお悩みや理想の未来についてお伺いし、その情報を基に経営支援策を決定します。そして、それぞれ専門の担当者がお客様を支援いたします。またコミュニケーション手段として電話やメールも活用しつつ、主にチャットツールを用いて関係者全員との情報共有を行っております。

お客様の『しあわせ』を実現するという思いを込めて、すべてのスタッフが提案や支援を行っております。どんなことでもお気軽にお問い合わせください。

一般社団法人中部経営会計支援協会

代表者：村平　進
職員数：50名（グループ全体）
所在地：愛知県一宮市せんい二丁目9番16号
ササキセルムビル４階
ホームページ：https://taizyu.jp
相続相談窓口：0586-76-8857

相続・事業承継に強い！

70年の歴史を持つ老舗会計事務所
愛知県刈谷市近郊の経営者・資産家を手厚く支援

渡部薫夫税理士事務所

渡部千鶴社会保険労務士事務所

渡部薫夫代表

相続案件に精通するスタッフの皆さん

渡部薫夫税理士事務所（愛知県刈谷市）は、開業から70年の歴史を持つ老舗会計事務所。刈谷市近郊の事情に精通しており、相続・事業承継に関する豊富なノウハウを有する。相続に対するお客様の悩みや不安を和らげ、無駄な税金を1円たりとも払わずに済むように徹底サポート。

70年の歴史を持つ地域密着型会計事務所

渡部薫夫税理士事務所は、70年の歴史を持つ地域密着型の会計事務所です。事務所には社会保険労務士1名、宅建士1名を含む8名体制で、刈谷市、豊田市、安城市等の西三河地域、名古屋地区の相続のお手伝いをさせていただいております。

地域柄、自動車関連の製造業、不動産賃貸業及びクリニックのお客様を中心としております。

また、お客様に喜んでいただけるよう司法書士、弁護士、行政書士等他士業の方々と連携し、さまざまなご相談にお応えできるようにいたしております。

地域ならではのノウハウで相続の悩みや不安に寄り添う

当事務所では年間30件程の相続税申告を受任し、この地域ならではのノウハウを豊富に蓄えておりますので、安心して相談していただけます。

ご支援したお客様の声は、当事務所の相続税専門サイト「相続あんしん.net」（https://www.souzoku-anshin.net/）に掲載しておりますので、ぜひご覧ください。

私たちは①に円満な相続、②に納税資金の確保、③に節税対策を心がけております。そして、お客様の相続の悩みをできる限り軽くすること、無駄な税金は1円たりとも支払わずに済むような申告を目指しております。

課税庁との交渉に万全の対策 書面添付も積極的に活用

当事務所がとり組んでおりますのが、税務調査の対象にならないよう申告をする、ということです。これは税務署寄りの評価をし、堅い申告をする、という意味ではありません。財産を洗い出し、本当はどなたの財産なのか、どういう評価が妥当なのか等々さまざまな角度、過去の判例から徹底的な検討を加えます。そして、この申告書を調査の必要なしと判断した場合に、税理士法第33条の2の「書面添付」制度を適用します（現状、申告書の99％は添付しております）。

当書面を添付して、調査の入られたケースは1%未満です。

相続に精通したスタッフが 懇切丁寧に対応

当事務所は相続専用のHPを設けております。こちらをご覧いただき、お問い合わせください（またはフリーダイヤルをご利用ください）。

相続は人生の一大事ですので、信頼できる相談相手をさがしておられる方が多いです。当事務所では、代表の渡部、相続に詳しいスタッフが懇切丁寧にご説明させていただきます。

「これだけの遺産額で相談に乗ってもらえるかしら……」なんてお考えの方もいらっしゃいますが大丈夫です。

初回相談は無料です。

渡部薫夫税理士事務所

代表者：渡部薫夫（東海税理士会刈谷支部）

職員数：8名

所在地：〒448-0857　愛知県刈谷市大手町1-50

URL https://www.office-ote.com/

相続税専門サイト：https://www.souzoku-anshin.net/

相続相談窓口：電話 0120-23-0095 ／メール office-ote@tkcnf.or.jp

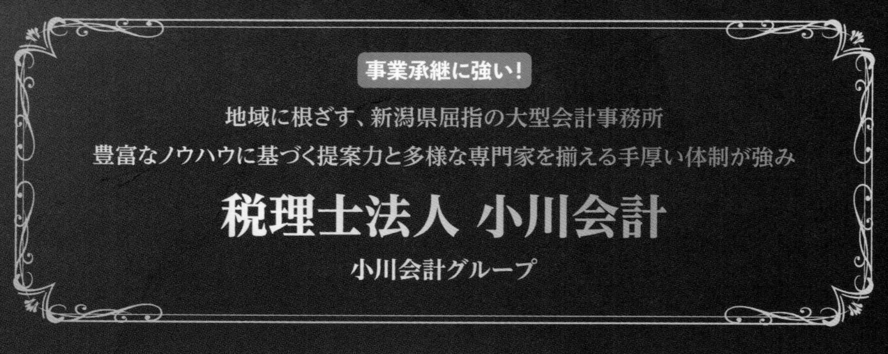

事業承継に強い！

地域に根ざす、新潟県屈指の大型会計事務所
豊富なノウハウに基づく提案力と多様な専門家を揃える手厚い体制が強み

税理士法人 小川会計

小川会計グループ

小川 健代表

相続・遺言サポートチームの皆さん

税理士法人小川会計は、新潟県全域に展開する大型会計事務所。創業以来高度なサービスの一つとして相続支援を行っており、直近5年間に450件超の支援実績を誇る。専任の担当者による専門的かつ丁寧な支援が持ち味。

新潟に根ざす大型会計事務所

税理士法人小川会計は、代表社員・税理士の小川 健が昭和54年に開業し、平成17年に法人化した会計事務所です。新潟市内に４つの本支店を構え、代表社員を含む9名の税理士、総勢80名のスタッフがお客様をご支援。平成31年に創業40周年を迎えました。

当社のお客様は個人事業主から中堅企業まで幅広く、エリアは地元新潟市を中心に、新潟県内全域に広がります。業種は医業、建設業、農業が多い傾向です。通常の会計・税務のほか、給与計算や人事労務、経営計画支援やMAS監査など、地域の発展のためにと総合的かつ高度なご支援に努めてきました。

直近5年間に450件超の豊富な相続支援実績

相続支援には創業以来長年取り組み、実績を伸ばしてきました。申告の他、生前対策にも力を入れています。当社は法人の税務顧問のお客様が多いことから、事業承継まで視野に入れた経営者向けの提案を数多く手がけています。おかげさまで直近5年間に、相続税申告と相続対策支援を合わせて450件超という、新潟県内ではトップクラスの実績を挙げられるまでになりました。

また近年「一般社団法人小川会計相続支援センター」を設立。相続診断士5名が、相続時のトラブルを防ぐ遺言書の作成支援を行っています。お客様からは「詳しく教えてもらえた」等のお声を頂いています。

手厚い専門家体制で 相続人を支援

当社では、長年相続に携わったベテラン税理士やスタッフが、的確で丁寧な対応を心がけています。国税OB税理士も在籍し、申告書のチェックから税務調査対応までしっかり行います。常に経験・ノウハウを共有しながら、お客様に最適なご支援ができるように努めています。

さらに、司法書士・弁護士などの他士業とも連携していますので、不動産の相続登記や売却等アフターフォローまで対応できます。

丁寧にお話をお伺いします

経験豊富な当社の税理士やスタッフに、お客様のお話をお聞かせください。初回相談は無料です。

特に、生前の相続対策を支援する「小川会計相続支援センター」はフリーダイヤルもご用意しています。相談員が、元気・丁寧にお客様のお話を伺います。いつでもお気軽にお問い合わせください。

争続・争族なく、ご家族皆様が納得できる円滑な相続のお手伝いをさせていただきます。

税理士法人 小川会計

代表者：小川健（税理士／関東信越税理士会新潟支部）

職員数：80名（税理士9名）

所在地：〒950-0812 新潟県新潟市東区豊2-6-52（本店）

ホームページ：https://www.ogawakaikei.co.jp/

代表電話：025-271-2212

相続相談窓口：小川会計相続支援センター 0120-17-0556

本店の小川会計ビル

相続・事業承継に強い！

新潟県長岡市に創業して69年、3,000件超の相続税申告実績を持つ会計事務所
県内士業とのネットワークと豊富なノウハウを駆使して相続・事業承継に対応

税理士法人ソリマチ会計

相続手続支援センター新潟第1

反町秀樹代表

相続案件に精通するスタッフの皆さん

税理士法人ソリマチ会計（新潟県長岡市）は、新潟県で2番目に設立された老舗会計事務所。相続税申告延べ3,000件超という突出した実績を持ち、相続手続から申告・事業承継に対応する豊富なノウハウを持っています。グループ会社には、会計ソフトメーカーとして全国展開しているソリマチ株式会社、フィンテック企業の会計バンク株式会社があります。

新潟県で2番目に設立された歴史ある会計事務所

税理士法人ソリマチ会計は、税理士・社会保険労務士・行政書士・不動産鑑定士だった創業者が1955年に開業した会計事務所で、設立以来69年にわたり、新潟県を中心にお客様のご支援をしております。現在は、代表税理士を含む4名の税理士を中心に、通常の税務・会計はもちろん、別会社の社会保険労務士法人では法務コンサルティングに力を入れて展開しています。

最新テクノロジーとノウハウを活用して相続・事業承継を解決

「経理は会社を良くするもの」というのは当事務所の創業者の思いであり、私たちは現在もその考え方を大切に継承しています。中小企業の税務や会計のご支援に始まり、相続に関連する法的な手続から相続税の申告、事業承継

に至るまで対応させていただき実績を積み重ねています。

依頼者が笑顔で円満に相続を済ませるために、税理士が中心となり、円滑なコミュニケーションとあらゆる角度からのご支援を日頃から心がけています。

当事務所では顧問先企業のDX支援をはじめ、近年注目されているジェネレーティブAIの税理士業務での有効活用など、今後の可能性についても積極的に研究しており、重要なデータの収集や保管、情報の加工から税務申告に至るまで、最新テクノロジーを相続分野でも活用しながら、適正かつお客様に信頼していただけるサービスを実現するとともに、お客様が特に心配される税務調査に関しても、不備を根絶するマニュアルを完備し、万全の対策を講じています。

気軽に相談できる 初回無料相談窓口を設置

当事務所には、新潟県新潟市に相続専門部門である相続手続支援センター新潟第1があり、初回無料の相談窓口を設置しています。当センターでは、専門の相談員が、相続発生時のさまざまな手続や、相続税の申告、その後の対応に至るまで、多様な士業と連携しながら新潟県内全域をサポートしています。

いざ相続が発生すると、何をすればよいのか迷うのが普通ですし、近年では一般のサラリーマン家庭の方々も、相続問題と無縁ではなくなりました。どんなお悩みをお持ちでも、当センターにお問い合わせいただければ、お客様の意向を丁寧に整理し、相続をスムーズに進められるようにご支援いたします。

お気軽に当センターまでお問い合わせください。

税理士法人ソリマチ会計（ソリマチグループ）
代表者：反町秀樹（税理士／関東信越税理士会長岡支部）
職員数：47名（税理士4名、社会保険労務士、行政書士）
所在地：〒940-0056　新潟県長岡市呉服町2-2-33 ソリマチ第1ビル
ホームページ：https://www.sorimachi-keiei.co.jp
相続相談窓口：電話番号0258-36-2510（当社HPよりメールにて相談可能）

相続手続支援センター新潟第1
相談員代表：横田靖男
所在地：〒950-0084　新潟県新潟市中央区明石1-7-17 ソリマチ第7ビル6F
ホームページ：https://www.sozoku-tetsuzuki.jp
相続相談窓口：電話 025-255-1600

相続・事業承継に強い!

「ほっとする相続」で創業以来1,500件超の相続の相談実績
地元福井に特化した豊富な実績と経験で地域に貢献

福井ほっとする相続相談室

上坂会計グループ

上坂朋宏代表

上坂代表と相続専門スタッフの皆さん

福井ほっとする相続相談室（福井県福井市、越前市）は、創業以来50年以上にわたり福井で個人・法人を支援してきた上坂会計グループを母体とする。「ほっとする相続」を標榜し、相談しやすい環境で、分かりやすい言葉を使い、顧客に寄り添った提案をすることで、家族の笑顔に繋がる安心感を提供する。

50年以上にわたり地域に貢献する会計事務所

弊社は1970年に創業し、50年以上にわたり誠実で堅実な申告業務を行っています。

現在「福井ほっとする相続相談室」を開設し、代表税理士の上坂を含む3名の税理士と聴き上手な8名の相続専門スタッフが地域の皆様に向けて無料相談を実施しています。

相談に来られて初めて出会うお客様から、関与している中小企業法人の経営者、不動産経営をされている農家の方など、多くのお客様のご相談をお受けしています。

創業から累計1,500件超の相続の相談対応実績

「ほっとする相続」、それが私たちの目指す相続のカタチです。

創業から累計1,500件以上の相続の相談を受けさせていただきました。相続関係の仕事は1回きりというイメージがあるかもしれませんが、私たちは、ご家族で長きにわたってお付き合いできる関係性を大事に

しています。

先代の相続税申告、相談者ご自身の相続対策、しばらくすると相談者のお子様からのご相談と、世代を超えてご家族の課題に取り組んでいます。「ずっと頼れる身近な場所」として、これからも私たちはお客様の立場に立ちながら、ご家族の悩みに寄り添って共に歩んでいけたらと思っています。

税務調査対策としての書面添付や事業承継、M&Aに注力

相続税申告においては、年間の申告件数が20～40件ありますが、申告書の内容が適正であることを税理士が保証する書面添付制度をほぼ全件導入しています！ お客様にもご協力いただきながら、信頼関係を築いて適正な相続税申告を実現することで、税務調査が入る可能性も低くなっています。

また相続税申告だけではなく、「相続手続き丸ごとサポートサービス」など、煩雑な相続手続きをお引き受けし、相続人が高齢である方や、県外にいらっしゃる方にとても喜ばれています。法人のお客様には、経営者にとって最大の課題である事業承継、M&Aについて、弊社代表である上坂が特に力を入れており、上坂会計グループ全体で経営者をバックアップしています。

気軽に相談できる無料相談窓口を設置

弊社は、相続でお悩みの方が多数いらっしゃるのを見てきたからこそ、少しでも力になれるように、相続無料相談を実施しております。「何を相談したらよいか分からない」といった方も、少しでも不安なことがあれば、お気軽にフリーダイヤル(0120-939-243)にお電話してください。

無料相談を受けたからといって必ずご依頼いただく必要はありません。初めて相続を経験される方も、会計事務所に相談するのが初めての方も、安心してください。私たちは相談しやすい環境で、分かりやすい言葉を使い、お客様の気持ちに寄り添って対応することで、あなたのご家族の笑顔に繋がる安心感を届けたいと思っております。

福井ほっとする相続相談室（税理士法人上坂会計）

代表者：上坂朋宏（公認会計士／税理士、北陸税理士会福井支部）
職員数：50名（グループ合計）
所在地：福井事務所（福井市江守中2-1312）
今立事務所（越前市赤坂町4-1）
ホームページ：https://souzoku.uesaka.ne.jp/
相続相談窓口：フリーダイヤル 0120-939-243

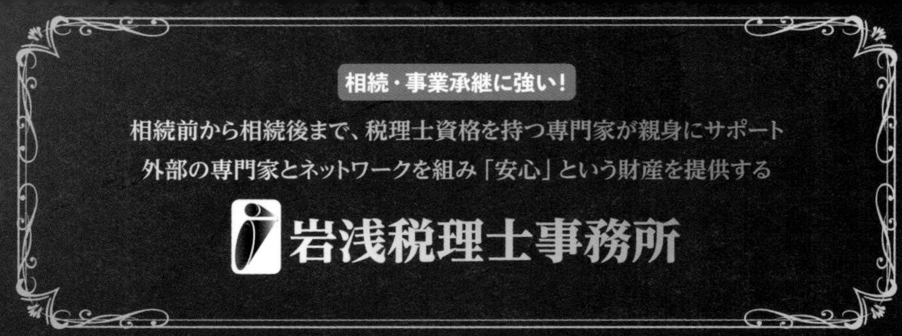

岩浅公三代表

岩浅税理士事務所のオフィス

岩浅税理士事務所（京都市下京区）は、税務・会計はもとより、私的再生計画策定業務、相続・事業承継対策、税務訴訟の補佐人など経験豊富な岩浅公三税理士が代表を務める会計事務所。外部の専門家とネットワークを組み、相続前から相続後まで、ワンストップで「安心」という財産を提供する。

多方向からの相続支援に注力する会計事務所

岩浅税理士事務所は、税理士の岩浅公三が平成9年に税理士試験に合格し、公認会計士・税理士事務所勤務を経て独立した税理士事務所です。事務所には、代表の岩浅を含む3名の税理士およびスタッフ3名が所属しています。

当事務所では、代表の岩浅が勤務時代から通常の税務・会計はもとより、私的再生計画策定業務、相続・事業承継対策、補佐人として税務訴訟の法廷に立つなどの経験やファイナンシャルプランナーの資格（CFP）を活かした、多方向からの相続支援に力を入れています。

入念な下調べで円満な相続を実現

かつて代表の岩浅が担当した案件で、老舗の会社の相続の事前相談がありました。社長様からのご依頼でしたが、ご自身での見積もりでは、後継者には相続税がほとんどかからないという試算でした。

しかし、当事務所の調べで、社長様が自社の赤字を補塡するために多額の貸付を行っており、このままでは多額の相続税額が発生することが判明したのです。さまざまな条件を考慮したうえで、社長様の会社に対する債権を放棄するようご提案いたしました。その結果、相続税の評価額を大幅に下げ、納税額を大きく抑える道筋をつけることができたのです。また、社長様に遺言を作成していただくことで、今後の円満な相続の準備を万全に整えることができ、大変感謝されました。

外部専門家とネットワークを組み
相続前から相続後まで手厚いサポート

当事務所は大きな特徴として、各専門家（税理士・弁護士・司法書士・不動産鑑定士など）とネットワークを組み、手続きも含めて相続前も相続後も「安心」という財産を提供させていただいております。相続税申告については、申告書作成段階で税務調査対策を徹底的に行っており、申告書の内容が適正であることを税理士が保証する書面添付制度を推奨することにより、税務調査が入る可能性が大きく下がります。

また、法人顧問や事業再生のノウハウから経営者様の相続である事業承継問題も得意としております。さらに、相続税対策・事業承継の支援として、後継者問題の対策、自社株の評価、相続財産や資産の贈与、納税資金の準備など、相続後のみならず、事前対策も実施いたします。

税理士資格を持つスタッフが
対応する相談窓口を設置

当事務所は相続相談窓口を設置しており、代表の岩浅のほか、必ず税理士資格を持ったスタッフがお客様の相談に応じています。相続を初めて経験される方や相続の事前準備の相談にもていねいに対応し、わかりやすくご説明するように努めています。ぜひお気軽にお問い合わせください。

親族間の争いのない円滑な相続を実現するためにも、相続事前対策の相談をしていただくことを強くお勧めしています。

岩浅税理士事務所（いわさぜいりしじむしょ）

代表者：岩浅公三（税理士／近畿税理士会下京支部、行政書士、CFP）
職員数：6名（税理士３名）
所在地：〒600-8054
京都市下京区仏光寺通麩屋町西入仏光寺東町129番地9
ホームページ：https://www.iwasa.info/
相続相談窓口：電話 075-343-1888
メール tax@iwasa.info

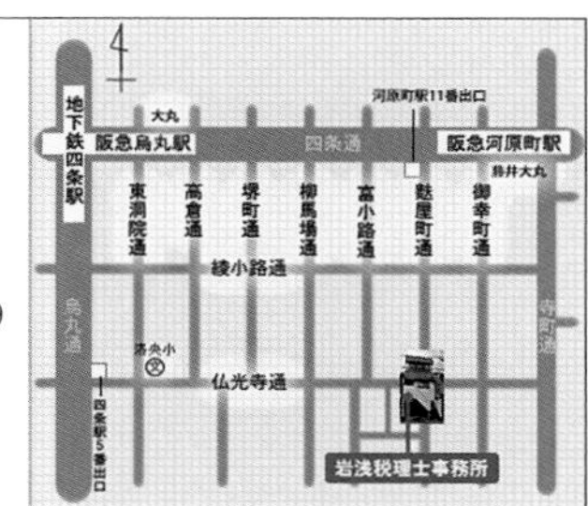

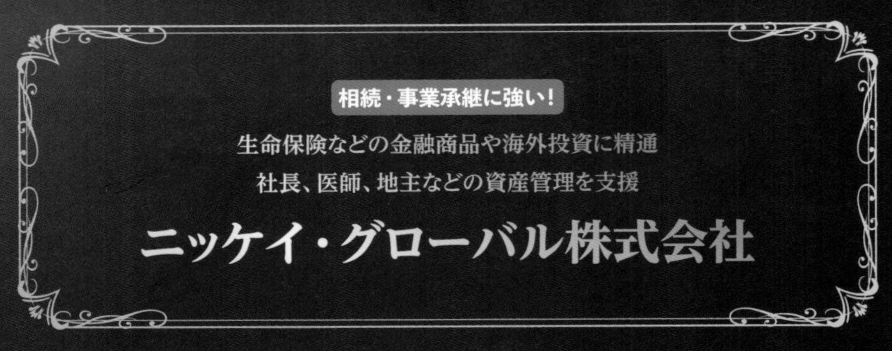

相続・事業承継に強い！

生命保険などの金融商品や海外投資に精通
社長、医師、地主などの資産管理を支援

ニッケイ・グローバル株式会社

大田 勉代表

セミナーの講師を務める大田氏

大田氏の著書

ニッケイ・グローバル株式会社（大阪府大阪市）は、大田 勉氏が代表を務めるFP会社。国内外の金融商品や不動産を活用した相続対策を得意とする。家族信託を活用した認知症対策も好評で、円満な相続を迎えるためのセミナー講師としても活躍中である。

社長専門のFP会社
会社と社長にお金を残す支援を

ニッケイ・グローバル株式会社は、ファイナンシャルプランナーの大田 勉が平成21年に開業したFP会社です。当社のお客様は、中小企業のオーナー、ドクターや土地のオーナーになります。会社と社長、そして社長のご家族にお金を残す手法「55連発」を駆使し、「可処分所得を増やす！」「次の世代に上手に残す」など目からウロコの対策で、年間300名を超える社長の支援をしています。

代表の大田は、Million Dollar Round Table（百万ドル円卓会議、本部アメリカ）成績資格終身会員です。日本の金融マンやFPの上位3%の成績を、23年前から連続でクリアしています。

相続の実績は500件超
生命保険や海外の金融商品に精通

代表の大田は、生命保険を活用した相続・認知症対策・事業承継対策の提案を得意とし、独自の技術を有しています。11

年ほど前からは、保険販売員向けの研修で、講師を務めるようにもなりました。

また、20年を超える海外投資の経験を生かし、プライベートバンクから海外の金融商品を活用する相続対策にも精通しています。海外投資を活用した大型案件も含めて、現在、国内外の相続案件の実績は500件を超え、お客様から信頼をいただいています。

投資や資産管理の専門知識で 相続のリスクに備える対策を実施

当社の大きな特徴は、国内外の金融商品や不動産への投資に精通していることと、代表の大田が家族信託に精通していることです。

このことを生かし、相続の２大リスクとされる、オーナーの「死亡」と「認知症」を同時に解決できる対策を、お客様のために提案することができます。

具体的には、相続の納税資金対策・争続対策・節税対策の具体的な手法を提案し、円満で円滑な相続をサポートしています。

また、代表の大田によるセミナーも好評をいただいています。9年前からJAの相続専任講師として担当する「円満相続と認知症対策セミナー」では、400回以上の講師を務めました。そのほかにも「社長の可処分所得をトコトン増やす具体策セミナー」では、100名単位で参加されるお客様もいらっしゃるほどご好評をいただいています。

初回無料　Zoom相談も可能 財産が気になる方はお早めに

当社は相談窓口を設置しており、個別相談・個別Zoom相談を受け付けています。初回相談は無料です。ご加入中の生命保険などのチェックも無料で対応いたします。

特に、ご高齢で体況が悪くても加入できる生命保険で相続対策をしたい方や、認知症・介護の対策と相続対策を同時にしたい方は、目からウロコが落ちる解決法をご提案します。

国内外の金融商品・不動産・自社株などの資産が気になる方は、早期に相続の事前対策をご相談されることを強くお勧めします。

ニッケイ・グローバル株式会社

代表者：大田 勉
職員数：4名（海外法人・関連会社含め50名）
所在地：〒550-0005
　　　　大阪市西区西本町1-8-2 三晃ビル４階
ホームページ：http://nikkei-global.com/
相続相談窓口：電話 06-6535-8808

北海道・東北
東京
関東
東海
信越・北陸
近畿
中国・四国
九州・沖縄

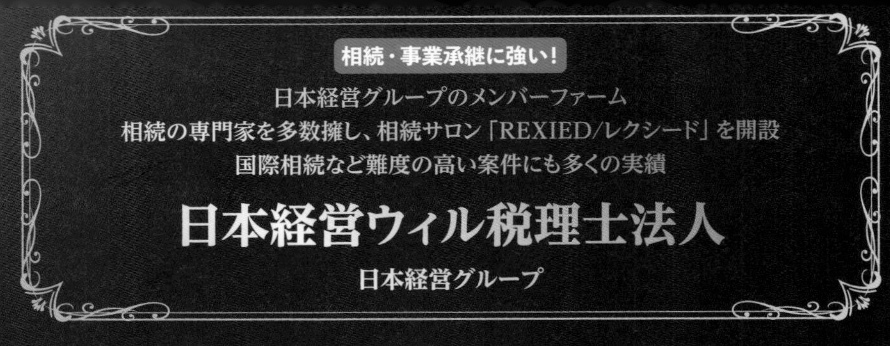

梅田相続サロンのエントランス

梅田相続サロンの応接室

創業57年超、日本屈指の大型会計事務所である日本経営ウィル税理士法人は、相続に関する多様な専門家を擁する。また相続専門のサロンを開設し、リラックスできる環境で丁寧に対応する。遺言、信託や不動産の活用、国際相続等の難度の高い相続対策や申告に実績をもつ。

「日本経営ウィル税理士法人」は、税理士等の各種士業及びコンサルタント等を有する国内有数のコンサルティンググループ「日本経営グループ」の一員／メンバーファームです。毎年800件を超える相続・贈与に関する相談を受けているほか、国際相続案件から生前相続対策まで多くの実績があります。大阪と東京に拠点を構え、税理士31名、公認会計士6名、社労士4名、1級建築士2名、中小企業診断士1名を含む、総勢320名が所属しています。

当事務所は、資産家、中小企業、医療機関、上場企業オーナーといった方々の相続、事業承継問題に古くから携わってきました。こうした経験や実績をもとに、税務申告だけでなく、高度な専門知識を要する対策の立案、贈与提案、遺言書作成から、相続発生後の手続きまで、幅広い相続、事業承継のご支援を行っています。

各種専門家がトータルで相続対策を提案

当事務所には、遺言、事業承継、信託、国際相続、不動産等様々な専門家がそろっています。相続に関するあらゆる分野の専門家が結集し、単なる申告書の作成業務にとどまらず、顧客のニーズを踏まえ、安心していただける相続対策を提案させていただきます。

企業オーナー様の事業承継、不動産オーナー様の資産承継、海外に財産がある場合の国際相続にも多数の実績があります。相続について最適な準備をしたいとお考えの方は、ぜひご相談ください。お客様のご相談の内容に合わせ、オーダーメイドでぴったりの対策を提案させていただきます。

相談事例

資産や想いの承継は、相続を考える上で最も重要です。他方、世の中や地域社会、ご家族や資産の状況は確実に変化しますから、その変化に対応しながら、その都度、最適に対応することも重要です。以下は、そのような考えのもとで、私たちが対応させていただいた相談事例です。

(1)父は多くの不動産を所有しているため相続が発生したときに相続税がどれくらいになるか、おおよその額を知りたい。その上で、納税資金で苦労しないように対策を行っておきたい。

(2)認知症になると、財産管理ができなくなると聞くが、収益不動産の管理が不安だ。

(3)相続税の申告を行った後、税務署の調査があるのかどうかを考えると不安だ。調査に来られることがないよう、適正な申告を行って欲しい。

みなさまの不安に寄り添いながら、安心いただける提案を行わせていただきました。

専門の窓口で丁寧な対応（ウェブ対応も可能です）

既に相続が発生していて対応を必要とされている方や相続対策についてご相談がある方、まずは電話、メールでご連絡いただくか、ウェブサイトより相続サロンへの来館予約を行ってください。

専門家がお客様のお話を伺い、相続の全体像をお話しさせていただきますので、不安を払拭することが可能です。また、ご要望を踏まえてより安心な相続対策を提案させていただきます。

なお、ご相談いただく際には費用は頂いておりません。

また、ご相談いただいた方には、当事務所が主催する相続に関するセミナー等へのご案内も、別途行わせていただきます。

日本経営ウィル税理士法人（写真は大阪本社）

代表者：東 圭一
職員数：320名（税理士31名、公認会計士6名、社労士4名、1級建築士2名、中小企業診断士1名（令和5年1月1日現在））
拠　点：大阪本社、大阪事務所、大阪梅田事務所、東京事務所
所属税理士会：近畿税理士会、東京税理士会
ホームページ：https://rexied.nktax.or.jp/

相続相談窓口
大阪　担当　小林 幸生
電話：06-6485-8905
メール：sachio.kobayashi@nkgr.co.jp
東京　担当　満重 弘
電話：03-5781-0760
メール：hiroshi.mitsushige@nkgr.co.jp

当事務所は日本経営グループのメンバーファームです（https://nkgr.co.jp/）

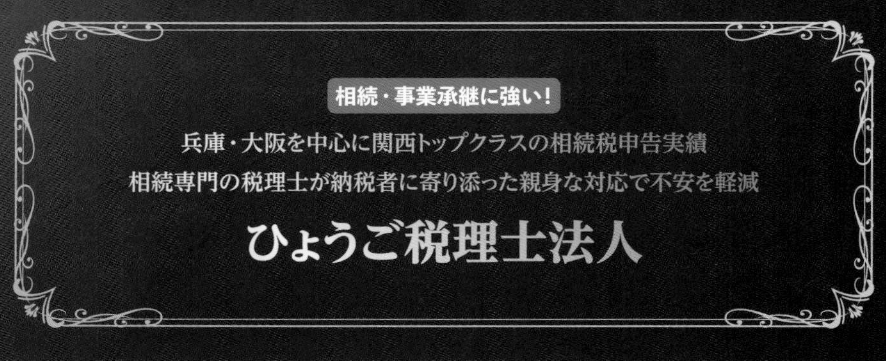

相続・事業承継に強い！

兵庫・大阪を中心に関西トップクラスの相続税申告実績
相続専門の税理士が納税者に寄り添った親身な対応で不安を軽減

ひょうご税理士法人

妹尾 芳郎代表

ひょうご税理士法人の皆さん

ひょうご税理士法人グループ（兵庫県尼崎市、川西市）は、兵庫・大阪を中心に延べ1900件以上の相続税申告の実績を持つ。また様々な専門家と連携し、ワンストップでサービスを提供できる体制を構築。さらに積み上げたノウハウを会計事務所向けのセミナーで広く提供するなど、業界の発展にも貢献する。

延べ1900件以上の相続税申告実績を持つ会計事務所

ひょうご税理士法人グループは、平成元年に代表の妹尾芳郎が設立し、現在スタッフ総勢70名のうち税理士が11名在籍しています。兵庫・大阪を中心に、延べ1900件以上の相続税申告を実施し、不動産・株式など税理士によって差が出やすい財産評価についても豊富な実績による信頼に基づきご満足いただけるサービスを提供しています。

また、グループ内に相続手続きや遺言書作成に特化した“まどか行政書士法人”を擁し、様々な専門家との連携を円滑に行い、相続に関するワンストップサービスを提供できる体制を整えております。

書面添付や生前対策コンサルティングで納税者の不安を軽減

当事務所は毎年120～130件、累計1900件以上の相続税申告を行っており、全ての案件で税務調査を念頭に「書面添付制度」を利用した申告を行っています。これにより、税務署からの防波堤となりながら、納税者の心理的・経済的負担を軽減しています。おかげ様で税務調査率の低さを評価していただいており、直近7年間では0.1%未満の実績となります。

また最新の相続診断シミュレーションシステム「Smile」を活用した相続生前対策コンサルティングも提供しており、相続特化型事務所を目指す会計事務所向けのセミナーでノウハウを提供するなど、年間約70件のご提案をしており、この分野では全国トップレベルの取り扱い実績を誇っています。

中小企業経営者の資産と経営の承継に親身に対応

中小企業経営支援部門が兵庫・大阪を中心に520社超の様々な業種・規模の顧問を担当し、円満相続支援部門と協力して事業承継支援に取り組んでいます。代表自身も父親の経営する不動産業にいて営業経験もあり、また会社分割を活用した事業承継を経験しています。さらに事業承継コンサルティング会社での豊富な実務経験を持つスタッフも在籍しております。お客様の立場に立って資産承継と経営承継のバランスを考えながら丁寧にサポートしています。

特に、自社株の評価（非上場株式）対策や、株式移転・株式交換・合併・会社分割などの組織再編に関する対応も、私たちの得意領域となっています。税務だけでなくスムーズな経営承継も踏まえながら中小企業経営者の事業承継に関する課題に親身になってご相談に乗っております。

経験豊富な相続専門スタッフによる初回無料の相談窓口を設置

常時20名以上の経験豊富な相続専門スタッフが初回無料のご相談を受け付けております。事務所は塚口本店（阪急塚口駅から徒歩3分）、川西支店（JR川西池田駅から徒歩3分）の好立地の場所にあり、ご好評いただいております。営業時間は平日の9時から17時30分ですが、遅い時間帯や土日祝日も予約制で対応可能です。またWEB会議システムを利用した相談も受け付けています。まずはフリーダイヤル0120-600-612まで、お気軽にお問い合わせください。

ひょうご税理士法人（創業35年）
代表者：妹尾 芳郎（公認会計士：兵庫会／税理士：近畿税理士会尼崎支部／社会保険労務士：兵庫会／行政書士：兵庫会）
職員数：70名（公認会計士１名、税理士11名、行政書士3名、社会保険労務士1名）
本店所在地：〒661-0012
兵庫県尼崎市南塚口町2丁目6番27号
ホームページ：https://www.hyogo-houjin.or.jp/
相続相談窓口：フリーダイヤル 0120-600-612

塚口本店

1000件の相続問題を解決してきた「みそら相続税プラザ」を運営
不動産や株式の評価に強い相続税専門税理士や国税局OBが複数所属

みそら税理士法人

みそら相続税プラザ

廣岡純一代表

みそら税理士法人 姫路オフィス

みそら税理士法人は、兵庫県の神戸市と姫路市、大阪府大阪市で相続支援に取り組んでいる会計事務所。相続支援の拠点「みそら相続税プラザ」を運営しており、これまでに1000件以上の相続問題を解決してきた。相続税専門の税理士や国税局OBが所属しており、不動産や株式の評価に強い。

関西圏に展開する大型会計事務所グループ

みそら税理士法人は、税理士である廣岡純一が代表を務める会計事務所です。1990年に開業して以来、30年以上にわたり、関西圏のお客様とともに歩んできました。大阪・神戸・姫路に3拠点を構えており、兵庫県では最大級の規模を有しています。公認会計士、税理士、社会保険労務士、国税局OB、銀行出身者など約70名の専門家を擁しており、お客様を総合的にサポートする体制を整えています。

私たちが得意としているのは、経営支援や資金調達支援による中小企業の黒字化の実現、そして経営者や地主など、資産家の皆様の円満な相続の実現です。

1000件以上の案件を解決した「みそら相続税プラザ」

私たちは、神戸・姫路周辺の皆様の相続をご支援する拠点として、「みそら相続税プラザ」を運営しています。

同プラザでは、これまで30年以上にわたり、お客様の相続問題を解決するお手伝いをしてきました。

私たちは、毎年100件以上の相続税に関するご相談に対応しており、これまでに1000件以上の相続や遺言、事業承継などのご相談を解決してきました。

相続税専門税理士が対応し、財産評価に強い

「みそら相続税プラザ」には、相続税に特化した国税局OBや、相続税専門の税理士が複数所属しており、お客様に最適な節税対策をご提案させていただきます。

相続税の額を大きく左右する不動産や株式の評価に強い税理士が、これまで積み上げてきたノウハウにもとづき、確実に評価いたします。そして、お客様のために、相続税を減らすベストなご提案をさせていただきます。

税務調査を受けない申告書の作成

「みそら相続税プラザ」は書面添付制度を活用しているため、申告書の信頼性が高く、税務調査が入る可能性を低く抑えています。実際に直近の3年間に、書面添付申告事案で税務調査を受けた案件は1件もありません。

25万円からの適正な料金

「みそら相続税プラザ」では、適正価格で高品質の相続税申告サービスを提供させていただきます。

ご契約の前には、必ずお見積もりを提出し、サービス料金がどれくらいかかるのかをお客様に分かりやすくお伝えしています。

初回の相談は無料でご対応いたしますので、安心してお問い合わせください。

みそら税理士法人（みそら相続税プラザ）
代表者：廣岡純一（税理士／近畿税理士会姫路支部）
職員数：70名（公認会計士1名、税理士13名）
姫路オフィス：兵庫県姫路市豊沢町186
神戸オフィス：兵庫県神戸市中央区播磨町49番地 神戸旧居留地平和ビル5階
大阪オフィス：大阪府大阪市北区梅田1-12-12 東京建物梅田ビル5階
URL https://misora-tax.or.jp/inheritance/
相続相談窓口：電話 0120-928-544
お問い合わせフォーム https://misora-tax.or.jp/inheritance/contact/

相続・事業承継に強い！

相続税の申告・相続対策の実績は500件以上
大手税理士法人出身の税理士が丁寧に対応

越智聖税理士事務所／株式会社聖会計

越智 聖代表

越智聖税理士事務所のオフィス

越智聖税理士事務所（愛媛県松山市）は、大手税理士法人で10年以上相続税業務の経験を積み、500件以上の実績をもつ越智 聖税理士が代表を務める会計事務所。提携先の士業や不動産、保険の専門家と協働して相続に関する相談にワンストップで対応する。

多種多様な事業や相続を支える会計事務所

越智聖税理士事務所は、税理士の越智聖が平成27年に開業した会計事務所です。事務所には、代表税理士の越智を含む総勢8名のスタッフが所属しています。

代表の越智の年齢は43歳で、顧問先の経営者の年齢は越智の年齢の一回り前後に集中しています。業種としては不動産業、建設業、飲食業、宿泊業、保険業などです。なかには、酪農業、漫画家といった珍しい業種のお客様もいらっしゃいます。

当事務所では、こうした多様な業種のお客様の支援を行うとともに、色々な営業手段を駆使して、相続支援にも力を入れています。

大手税理士法人で相続業務を経験 500件以上の実績をもつ

代表の越智は、愛媛県の大手税理士法人で、12年間、相続税の申告業務の経験を積んでおり、開業後も年間10件以上の相続税の申告を行っています。

これまでに取り扱った件数は、相続発生前の対策を含めて500件以上です。

特に、中小企業の事業承継に伴う株式の相続や贈与に関しては、納税猶予を受けるメリットとデメリットを踏まえて方向性を検討し、豊富な経験をもとにお客様や親族に納得していただけるご提案をさせていただいています。

節税と税務調査への徹底した対応が強み

当事務所の大きな特徴は、相続の発生前後における節税方法を提案できることと、税務調査対策を行うことによる安心感をお客様に提供できることです。

節税については、20年の実務経験を活かし、お客様のために1円でも税金を安くできる方法を提案いたします。

税務調査対策は、経験豊富なスタッフが申告書をしっかりチェックすることはもちろんですが、税務調査の選定基準の視点から、代表の越智が税務調査に入られにくい申告書作りを徹底しています。

丁寧な対応が好評の無料相談窓口ワンストップ体制で相談に対応

当事務所は相続相談窓口を設置しており、代表の越智が、なるべく専門用語を使わず、懇切丁寧にお客様の相談に応じています。お客様からは、「説明がとても分かりやすく、対応も親切だった」との評価をいただいています。

また、当事務所は、弁護士、司法書士、行政書士、不動産の専門家及び保険業の専門家と提携して、円滑かつ親身に相続における税金以外の相談にもワンストップで対応できる体制を構築しています。

越智聖税理士事務所／株式会社聖会計

代表者：越智 聖（四国税理士会松山支部）

職員数：8名（税理士1名）

ホームページ：https://satorukaikei.com/

相続相談窓口：電話 089-961-4635

メール ochi@satorukaikei.com

相続に強い!

相続相談案件10,000件以上の会計事務所
相続専門チームが税務調査に強いスピード申告を実現

税理士法人タカハシパートナーズ

髙橋 雅和代表

仲村 要税理士

寺尾 大介税理士

税理士法人タカハシパートナーズは、広島県と岡山県に拠点を構える会計事務所。15名以上で構成される相続専門チームを擁しており、相続の相談に累計10,000件以上対応してきた実績をもつ。

相談対応10,000件以上の実績をもつ相続に強い会計事務所

税理士法人タカハシパートナーズは、代表の髙橋雅和が昭和61年に開業した税理士事務所です。髙橋を含む6名の税理士、3名の行政書士、2名の宅地建物取引士が所属しており、スタッフ数は総勢35名です。

当事務所のお客様は、50～60代の中小企業経営者が中心です。それに加えて、個人および法人で賃貸アパートやマンションを経営されているお客様を1,000件ほどご支援しています。私たちは、こうした方々の相続支援に力を入れています。

代表の髙橋は、大手建設業者の税務顧問を約25年務めており、相続の相談実績は数千件にも及びます。事務所を税理士法人化した現在では、相続専門チーム15名以上とともに、相続の相談を年間800件以上、累計で10,000件以上扱っています。

なかでも個人の不動産経営者の法人成りを多く手掛けており、豊富なノウハウを有しています。

当事務所には相続専門のスタッフが15名以上いますので、福山オフィス、広島オフィスおよび岡山オフィスへいつ相続の相談に来られても、常時対応できる体制を整えています。

税務調査対策の徹底とスピード申告を両立

当事務所の特徴は、第一に税務調査対策を徹底的に行っていることです。

平成26年以降、全ての申告に書面添付制度を採用しています。書面添付制度とは、税理士法第33条の2に規定されている制度であり、この制度を利用する税理士は、申告書に「その内容が正しいということを税務署へ説明する書類」を添付し、申告します。

当事務所では平成26年以降、相続税申告数956件（令和5年4月末現在）のうち、税務調査は5件しかありません。

次に、最短1週間からのスピード申告が挙げられます。これは豊富な経験を持つ代表の髙橋と国税OB、そして相続専門スタッフ15名以上で申告業務を行うことにより可能となります。

いつでも問い合わせられる相続相談窓口を設置

当事務所では、相続の無料個別相談会を福山オフィス、広島オフィスおよび岡山オフィスにおいて毎週行っています。また、全オフィスとも常時、相続専門のスタッフが相続に関するあらゆる相談に対応できる体制を整えています。相続税申告に関する相談につきましては、いつでも無料でお受けいたしますので、どうぞお気軽にお問い合わせください。

相続の事前対策につきましても、「相続対策安心パック」というプランにより、相続税の試算、節税対策、納税資金の確保および「争続」対策等の提案をしています。

また、入会金、年会費無料の「相続安心クラブ」という組織を運営しており、無料セミナーなども定期的に開催しています。

税理士法人タカハシパートナーズ

代表者：髙橋 雅和（中国税理士会福山支部）
職員数：35名（税理士6名、行政書士3名、宅地建物取引士2名）
相続相談窓口：
福山オフィス 0120-74-1471
広島オフィス 0120-20-2690
岡山オフィス 0120-16-3210

所在地：
福山オフィス 広島県福山市西町3-10-37
広島オフィス 広島県広島市東区光町1-12-20 もみじ広島光町ビル2F
岡山オフィス 岡山県岡山市北区本町6-36 第一セントラルビル8F
ホームページ：https://www.mt-taxcs.com/

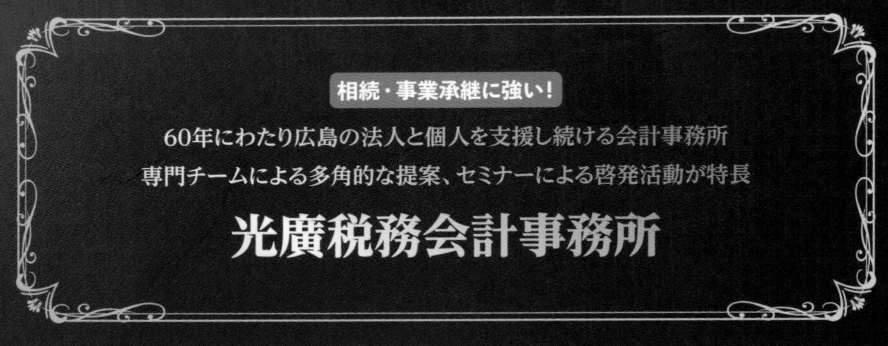

光廣税務会計事務所

光廣昌史代表

セミナーの様子

光廣税務会計事務所は、広島市に拠点を構える会計事務所。豊富なノウハウをもつ相続専門チームがさまざまな角度から軽減対策の提案を行うほか、お客様の長期的な利益を実現するためにセミナーによる啓発活動に力を入れている。

広島県の法人や個人を60年支援し続ける会計事務所

光廣税務会計事務所は、代表の光廣昌史の先代が、昭和36年に創立した会計事務所です。代表を含む5名の税理士、総勢30名のスタッフが所属しています。

当事務所は多様な業種のお客様を支援しており、関与先はおもに広島県内の法人400社、個人500名となっています。

関与先との深い信頼関係から多くの相続案件を受託

当事務所は創業以来変わらぬ誠実な業務を通じてお客様と深い信頼関係を築いており、事業承継や相続対策の相談案件を扱う機会が年々増えています。令和3年の相続税申告件数は38件、令和4年は40件です。

お客様の申告は、豊富な経験を持つ代表の光廣と、国税専門官として税務調査に関わった経験を持つ顧問の国税OB税理士、ベテランスタッフが丁寧にチェックします。専門家の複数の目でしっかり確認することで、税務署から指摘を受けない相続税申告を実現しています。

相続に際しては、相続税申告はもちろんのこと、お客様が安心して相続ができるよう、弁護士・司法書士・相続手続きアドバイザー等の専門家と連携し、相続の幅広い知識をもってお客様のあらゆるニーズにお応えしています。

相続は、一生に一度か二度しか起こらないうえに、ご遺族にとっては各金融機関の相続手続きや不動産登記など、大変な作業となります。当事務所では、株式会社ウィルらいふサポートを開設し、相続に関する手続きをまとめてサポートしていますので、ぜひご活用ください。

相続専門チームが多様な軽減対策を提案

当事務所は相続税などの資産税の分野を強みとしています。特筆すべき点は、ノウハウを共有する相続専門チーム「財産承継部」が連携し、さまざまな軽減対策を提案できることです。相続対策では、二次相続まで考えたトータルな分割案や、相続人ごとの資金繰りまで踏まえた納税方法をご提案しています。

相続税申告においては、相続財産を正確に把握するために不動産の評価では現地確認を行い、金融資産については過去の取引履歴により資金の流れを確認し、疑問点を精査したうえで適正な申告を行っています。

円満な相続を実現する方法を学べるセミナーを開催

当事務所は、財産承継部を窓口として、ベテランスタッフがお客様の相談に応じていますので、お気軽にお問い合わせください。

円満な相続をするためには、相続が発生する前から計画的に準備をすることが必要です。当事務所では、相続に備えていただくための「家族を幸せにする相続セミナー」を開催し、最新情報を提供しています。約半年（全5回）かけて相続について学ぶ当セミナーにご参加いただければ、相続や贈与の基礎知識に加え、遺言対策、家族信託、相続税調査の受け方など、相続に関するあらゆる知識を身につけていただくことができます。このセミナーのなかで、相続税の簡易シミュレーションを無料で実施していますので、ぜひご活用いただき、将来に備えてください。

光廣税務会計事務所

代表者：光廣昌史（代表取締役・税理士／中国税理士会広島西支部）
職員数：30名（税理士5名）
所在地：〒730-0801
広島市中区寺町5番20号
ホームページ：
https://www.office-m.co.jp/
相続相談窓口：
電話番号 082-294-5000
メールアドレス sozoku@office-m.co.jp

相続・事業承継に強い!

西日本最大級の総合士業グループ
納得の生前対策と万全の税務調査対策が強み

税理士法人アップパートナーズ

菅 拓摩代表

豊福陽子税理士

鈴木導仁税理士

税理士法人アップパートナーズ（本部：福岡県福岡市）は、スタッフ数約300名、顧問先数約2500件という西日本最大級の総合士業グループ。代表で税理士の菅 拓摩を筆頭に、相続・事業承継の専門家を多数擁する。45年以上にわたり相続案件のノウハウを蓄積しており、特に生前対策と税務調査対策に強い。

西日本最大規模の総合士業グループ

税理士法人アップパートナーズは、昭和52年に税理士の菅村 勉が開業した会計事務所を母体としています。現在は、代表社員の菅 拓摩が事業を承継し、福岡、佐賀、長崎、東京に拠点を構える西日本最大規模の総合士業グループへと成長しました。

グループ内には税理士法人のほか司法書士法人、社会保険労務士法人、M&A専門会社、生命保険代理店、資産運用会社など多様な関連法人があり、スタッフ数は代表の菅を含めて税理士が16名、グループ総社員数は316名です（令和5年4月現在）。

顧問先様は全国に約2500件あり、幅広い業種のお客様をご支援しています。

相続・事業承継支援のノウハウを45年以上にわたり蓄積

私たちは創業から45年以上にわたり、相続や事業承継をご支援してきました。

相続のご相談は毎年増えており、令和4年の相続相談件数は約300件、過去5年間の累計は1500件以上になります。

私たちはこれまで積み重ねてきた膨大なノウハウを生かし、当事務所のお客様だけでなく、他の税理士事務所や金融機関・不動産会社などからの依頼にもとづく相続税申告や、事業承継コンサルティングを数多く手がけてきました。

相続する財産に自社株や先祖代々の不動産があると、将来多額の相続税がかかるにもかかわらず納税資金が足りないという問題があります。

法人化や組織再編をすることにより争続になりづらく、相続税の負担も軽減できる対策に努めています。

〈強み1〉生前対策・事業承継対策に幅広いノウハウ

私たちはお客様や外部からのセカンドオピニオンで、相続や事業承継に関するご相談を年間約300件受けています。

将来起こりうる問題点を早期に発見し、そのご親族や会社様に合った遺産分割対策、納税資金対策、節税対策をオーダーメイドでご提供しています。

〈強み2〉税務調査に万全の備え

過去の税務調査対応や申告実績から、税務調査の勘所を押さえた相続税申告書を作成します。また、申告書の内容が適正であることを税理士が保証する書面添付制度も導入していますので、税務調査が入る可能性が大きく下がります。

気軽に相談できる 初回無料相談窓口を設置

当事務所は相続相談窓口を設置しており、相続専門税理士とスタッフが、初回無料でお客様のご相談に応じています。

ご相談の結果、私たちがご支援することになった場合は、事前に費用のお見積りをご提示しますので、安心してお問い合わせください。

税理士法人アップパートナーズ（九州北部税理士会博多支部 法人番号：第1257号）
代表者：菅 拓摩（税理士）
職員数：316名（税理士16名、司法書士3名、公認会計士1名、社会保険労務士13名、中小企業診断士1名）
福岡本部：〒812-0013 福岡県福岡市博多区博多駅東2丁目6-1 九勧筑紫通ビル9階
佐賀伊万里オフィス（佐賀県伊万里市）、佐賀中央オフィス（佐賀県佐賀市）、
佐世保オフィス（長崎県佐世保市）、長崎賑町オフィス（長崎県長崎市）
グループホームページ：https://www.upp.or.jp/
（相続専用ページ）：https://upp-souzoku.com/
相続相談窓口：福岡本部 092-403-5544　メール info@upp.or.jp

相続・事業承継に強い！

北九州市の企業を支援して半世紀超の老舗会計事務所
世代を超える相続対策支援で経営者から圧倒的な支持

税理士法人SKC

SKC会計グループ

堺 俊治代表

原口佳絵税理士

加納誠士税理士

税理士法人SKCは、北九州市戸畑区に拠点を構える老舗会計事務所。創業から55年の歴史をもち、二次相続まで想定した長期的視点に基づく相続・事業承継対策は特に資産家や企業オーナーから支持されている。

50年以上の歴史を持つ老舗会計事務所

税理士法人SKCは、昭和44年創業の堺幸雄税理士事務所を母体として平成16年に法人設立した、今年で55周年を迎える税理士事務所です。グループ会社として経理代行業務を扱う法人と経営コンサルティングの法人があり、スタッフ数はグループ全体で54名、税理士は代表の堺俊治を含めて6名が在籍しています。

当社は多様な業種のお客様の税務顧問をしていますが、なかでも北九州という地域性から製造業のお客様が多くいらっしゃいます。歴史の長い顧問先や、自社株が高い顧問先には、相続対策のフォローをしっかり行っています。

経営者に喜ばれる二次相続まで想定した対策

現在、当社では法人・個人事業の決算報告を年間1000件、相続の分野につきましては年間20～30件ほど申告のご依頼をいただいています。また、税務顧問のお客様を中心に、相続税対策として贈与を絡めた土地活用など、二次相続まで想定した相続・事業承継対策のご提案も適宜行っています。当社のこうした取り組みが経営者様や企業オーナー様に喜ばれ、お客様を通じた新規のご紹介もたくさんいただいています。

また、個人のお客様からの相談では、相続税のかからない相続手続きに関するお問い合わせも数多くいただくため、司法書士と連携して相続手続きのサポートも行える体制を整えています。

徹底した税務調査対策で安心の相続税申告を実現

当社の特徴のひとつは、税務調査対策を徹底して行っていることです。来たる税務調査で確実に是認を得られるように、徹底したシミュレーションを行っています。申告書は各担当者が起案し、ベテラン税理士が丁寧に精査したうえで申告をする体制を採っています。

さらに当社では、書面添付により申告内容の適正性を保証しており、税務調査に入られる可能性を大きく下げています。

専門家への相談が円滑な相続を実現する

当社では相続専用窓口として「相続贈与センター」フリーダイヤルを設置しています。お客様からお電話をいただきましたら、まずは司法書士がお応えいたしますので、遺言状の作成から相続登記などの諸手続き、遺産分割協議書の作成まで何でもご相談ください。

相続税のご申告が必要となる場合は、当社のベテラン税理士が初回のご面談の予約を取らせていただきます。

円滑な相続を実現するためには、知っておかなければならないこと、準備しておかなければならないことがあります。誰しも自分が亡くなった後に、子どもたちに骨肉の争いをしてもらいたくないと思っているのではないでしょうか。

専門家への相談が何よりも円滑で円満な相続を実現します。初回のご相談は無料となっておりますので、ぜひお気軽にお問い合わせください。

税理士法人SKC（SKC会計グループ）

代表者：堺 俊治（税理士／九州北部税理士会八幡支部）

職員数：54名（税理士6名）、ほか提携司法書士1名

所在地：北九州市戸畑区中原新町3番3号

ホームページ：https://www.sakaikeiei.co.jp/lp

相続相談窓口：フリーダイヤル 0120-982-730

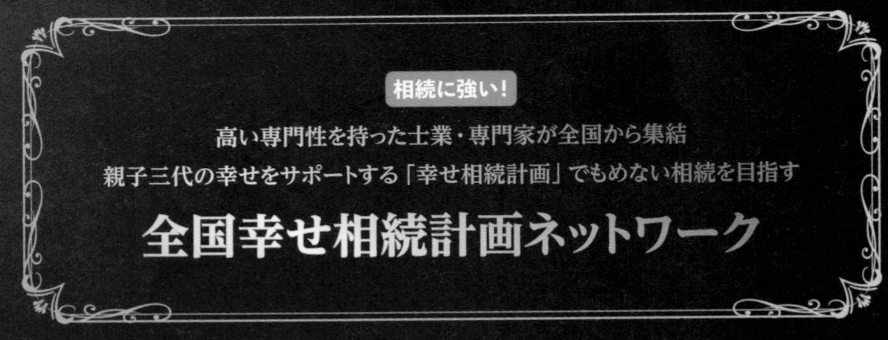

「全国幸せ相続計画ネットワーク」は、全国の士業や資産の専門家が力を合わせ、親子三代の幸せをサポートする「幸せ相続計画」を追求。沖縄から北海道まで全国各地で、高度な分析とシミュレーションに基づいた最先端の相続・生前対策を提案しており、高い顧客満足度を誇る。

全国から高い専門性を持つ士業・専門家が集結

「全国幸せ相続計画ネットワーク」は沖縄から北海道まで、全国の士業（税理士、司法書士、弁護士）や、金融・不動産など資産の専門家が集う組織です。

「相続で家族をもめさせない」「相続で優良財産を減らさない」「子や孫を将来お金で困らせない」という信念を持ち、「相続計画」という新しい考え方の普及啓発活動を行っています。

会員には、全国各地で高い専門性を発揮し、お客様に寄り添ってきた専門家がそろっています。

特に、不動産の生前対策には力を入れています。不動産は価値がわかりにくい上に相続の際に分けにくいので、相続トラブルの主な原因となっているからです。

地主さんや収益物件オーナーの皆さんは、いわゆる相続対策商品の営業ターゲットとなりやすい点も注意が必要です。

私たちは高い専門性で取り組み、お客様や、子や孫を含めたご家族にとって有効な「もめさせない」相続計画を作っています。

「幸せ相続計画」でもめない相続・生前対策

「幸せ相続計画」では、これまでの「相続対策」では見過ごされてきた、財産の収益性や流動性、相続人それぞれの世帯のライフプランを分析・シミュレーションします。そうすることで、一般的に士業が避けがちな、財産の「分け方」の提案もできるのが特長です。子や孫の将来を考えた「相続計画」です。

相談者の皆様にも「他とは違う。根拠が明確で安心できる」と好評です。財産の状況が一目でわかるように可視化して、課題や必要な対策をわかりやすくご提案しています。

相続計画には、税だけでなく、法や資産など、さまざまな分野の知識やノウハウが必要になりますが、会員には各界の専門家がそろっていますので、安心してご相談ください。

気軽に相談できる無料相談窓口を全国に設置

ホームページからお問い合わせください。沖縄から北海道まで、会員が相談窓口を設けています。お客様に最適な窓口をご紹介いたしますので、まずは無料相談でお悩みやご不安などをお聞かせください。

相続の生前対策に早過ぎることはありません。もめない相続、減らさない相続を実現するためには、元気なうちに準備を始めることが大切です。ぜひお気軽にご相談ください。

「何を聞いてよいかわからない」という方も遠慮なくお問い合わせください。難しい不動産の相続をわかりやすくサポートします。

全国幸せ相続計画ネットワーク

代表者：久保以明・亀島淳一

事務局：〒901-2424 沖縄県中頭郡中城村南上原1007
(シナジープラス内)

ホームページ：https://souzoku-planning.org/

相続相談窓口：電話 098-963-9266
メールはHP内のお問い合わせフォーム
よりお願いいたします

幸せ相続計画®

相続で家族をもめさせない
相続で優良財産を減らさない
子や孫を将来お金で困らせない

北海道 関東 東海 信越・北陸 近畿 中国・四国 九州・沖縄

相続相談ここがポイント

《ポイント 1》相続の専門家に相談しよう

相続の相談は会計事務所や司法書士事務所、法律事務所などの士業事務所にするのが一般的ですが、士業事務所はそれぞれ得意分野をもっています。士業事務所に相続の相談をする際は、その事務所が相続を得意としているかどうかを確認しましょう。事務所が本書に掲載されていれば相続を得意としていますし、事務所のホームページで何が得意分野なのかを調べる方法もあります。

《ポイント 2》なるべく早く行動しよう

相続の悩みを抱えている方は、「親族間のトラブルを避けたい」「世話になった人に財産を残したい」「家業を円滑に引き継ぎたい」といった思いを抱いているでしょう。しかし、自分が死んで相続が始まってしまうと、そのような思いを実現する選択肢はほとんどなくなってしまいます。その一方で、死ぬ前に相続への備えをしようと思えば、自分の思いを実現させる選択肢は大きく広がります。相続の悩みを抱えているのであれば、なるべく早く行動するべきです。

《ポイント 3》基礎知識を身につけておこう

相続に備えておきたいのでしたら、相続の基礎知識を身につけることをお勧めします。基礎知識を身につけていれば、専門家に相談する際にも、自分の思いを正確に伝えたり、より高度な相談をしたりすることができます。次のページから始まる「第２部 相続について学ぶ」では、相続に関する基礎的な知識を解説していますので、ぜひ活用してください。

第2部

相続について学ぶ

相続に関する知識をある程度身につけておくと、専門家との相談を円滑に進めることができます。ここでは、相続に向き合ううえで役に立つ基礎的な知識について解説します。

執筆：税理士法人チェスター

監修：弁護士法人リーガルプラス

第1章
相続に関する基本的な知識

相続について考えるとき、最初にはっきりとさせておかなければならないのは、誰が何を引き継ぐのかということです。本章では、財産を引き継ぐ人、つまり「相続人」や、相続人が引き継げる財産の概要など、相続の基本的な知識について解説します。

財産を引き継げる人は民法で決まっている

相続について知ろうとすれば、それを定めている民法を確認する必要があります。民法によると、相続は次のように定義されています。

相続とは、亡くなった人（被相続人といいます）の財産を、誰かのものにするための制度です。亡くなった人の財産には、預金債権や現金、不動産といったプラスの財産だけでなく、借金のようなマイナスの財産も含まれます。

それでは、被相続人の財産は誰のものになるのかといいますと、民法では原則として、被相続人と一定の親族関係にあった人（法定相続人といいます）に帰属させることになっています。

なお、被相続人が生前に自分の意思を遺言という形で表明しておけば、自分の選んだ人、つまり受遺者に財産を帰属させられます。

遺言については163 ページの「遺言を書いて争族を防ぐ」以降で詳しく触れますが、遺言がある場合は、原則として遺言に従って亡くなった人の財産の帰属が決められます。

他方、遺言がない場合は、民法の定めるルールによって法定相続人に対す

図表３　相続人の優先順位

続柄	順位	解説
配偶者	常に相続人	法的に婚姻している人
子	第1順位	被相続人に子があるときは子が相続人になる
親	第2順位	被相続人に子がないときは親が相続人になる
兄弟姉妹	第3順位	被相続人に子と親がないときは兄弟姉妹が相続人になる

る財産の帰属が決められ、これを法定相続といいます。つまり、遺言の有無によって、亡くなった人の財産の処理は大きく異なるのです。

相続手続きのはじめの一歩は、誰が相続人になるかという、相続人の確定です。相続手続きは、以下の手順で進んでいきます。

①誰が相続人になるのかを確定する。
②相続の対象となる財産、つまり相続財産の範囲を確定する。
③相続人が複数いる場合[1]には、各相続人がそれぞれ何をどれだけ相続するのかを確定する。

相続人には優先順位がある

民法では、被相続人と一定の親族関係にあった者を相続人と定めており、相続人になる順位をつけています。民法の定めた順位に従って、相続人が決定されることになります（図表3）。

まず、被相続人に配偶者がいる場合は、常に相続人になります。

さらに被相続人に子があるときは、子またはその代襲者[2]、再代襲者が第1順位の相続人になります。

次に、被相続人に子がないときは、被相続人の直系尊属[3]のうち、親等の近い者が第2順位の相続人になります。第1順位の人がいないと、第2順位の人が相続人になるということです。

そして、直系尊属がいないときは、兄弟姉妹またはその代襲者が第3順位の相続人となります。

なお、相続人が「いないとき」には、その相続人が相続放棄をした場合や、相続欠格、廃除された場合を含みます。

これらをまとめると、118ページの図表4のようになります。

1　これを共同相続といい、この場合の相続人を共同相続人といいます。
2　代襲者の意義については118ページの図表４を参照してください。
3　直系尊属とは、自分よりも上の直系の世代で、親や祖父母などのことです。

図表４　相続人の優先順位の判断

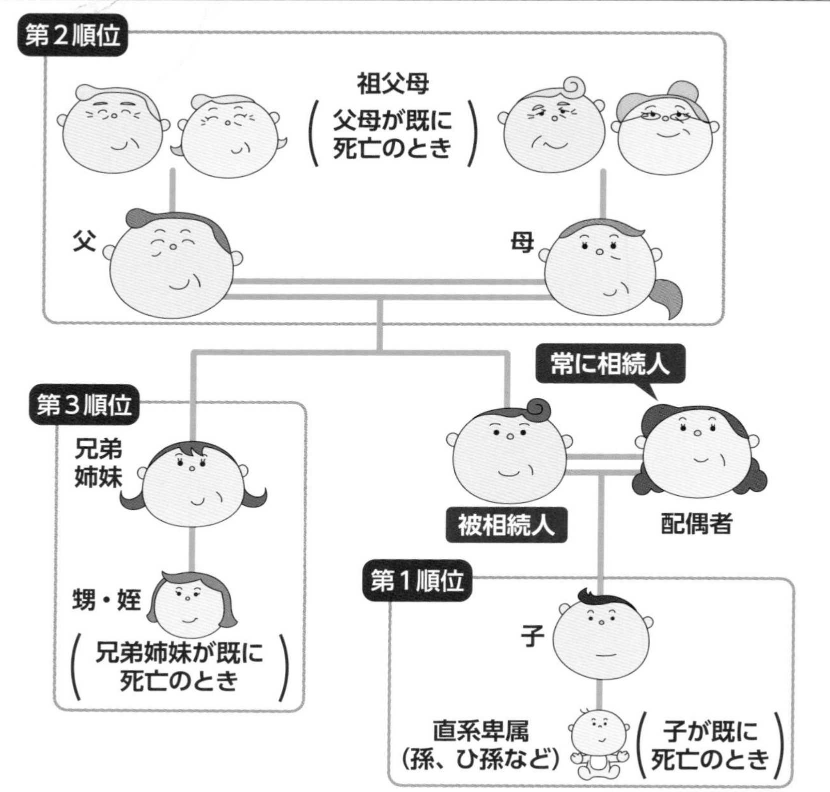

①配偶者である妻（夫）は常に相続人となる。
②それに加えて子（息子・娘）がいる場合は、第１順位の相続人となる。妻（夫）が既に亡くなっている場合も同様。
③子が既に亡くなっている場合は、孫が代わりの相続人（代襲相続人）となる。
④孫も既に亡くなっていれば、ひ孫にと何代でも代襲できる。
⑤第１順位の相続人が誰もいない場合に限り、父母が第２順位の相続人となる。
⑥父母が共に亡くなっている場合は、祖父母にさかのぼる。
⑦祖父母も既に亡くなっていれば、何代でもさかのぼれる。
⑧第２順位の相続人もいない場合は、被相続人の兄弟姉妹が第３順位の相続人となる。
⑨兄弟姉妹が既に亡くなっている場合は、その子である甥・姪が代襲相続人となる。
⑩甥・姪も既に亡くなっている場合、その子は代襲相続人になれない。

法定相続分は遺産の配分に関する“目安”

遺産を相続人にどう配分するのかについては、民法で定められています。誰がいくら相続する権利をもつのか、その割合をあらかじめ知っておくのは大切なことです。ここでは、誰がどれだけ遺産を相続できるのかについてお話しします。

被相続人が遺言などにより相続人間の相続分を指定している場合は、原則として被相続人の指定した相続分に従い、相続財産が分配されます（ただし、遺言を作ればどんな財産の分配でも可能になるというわけではありません）[4]。

一方、被相続人が遺言を作成せずに亡くなるなど、相続財産の分配に関する被相続人の意思が明らかとならない時は、民法の基準に従って相続財産の分配を行うことになります。その規定が、法定相続分といわれるものです。

法定相続分を定める民法第900条の内容をまとめてみましょう。

①子および配偶者が相続人のときは、子の相続分および配偶者の相続分は各2分の1とする。

②配偶者および直系尊属が相続人のときは、配偶者の相続分は3分の2とし、直系尊属の相続分は3分の1とする。

③配偶者および兄弟姉妹が相続人のときは、配偶者の相続分は4分の3とし、兄弟姉妹の相続分は4分の1とする。

④子、直系尊属または兄弟姉妹が複数の人数いるときは、各自の相続分は相等しいものとする。

被相続人よりも下の直系の世代で、子や孫のことを直系卑属と呼びます。これが法定相続人でいうところの第1順位のグループにあたります。

被相続人よりも上の直系の世代で、親や祖父母のことを直系尊属と呼びます。同じく、法定相続人でいうところの第2順位のグループです。

法定相続分についてまとめると、120ページの図表5のようになります。

4　遺言による財産の分配の結果、特定の相続人の相続分が大きくなりすぎ、他の相続人の遺留分（171 ページの「基礎知識：遺留分とは」を参照）を侵害する結果となる場合は、遺留分侵害額請求の限度において、被相続人の指定した相続分は修正されます。

図表５　法定相続人と法定相続分

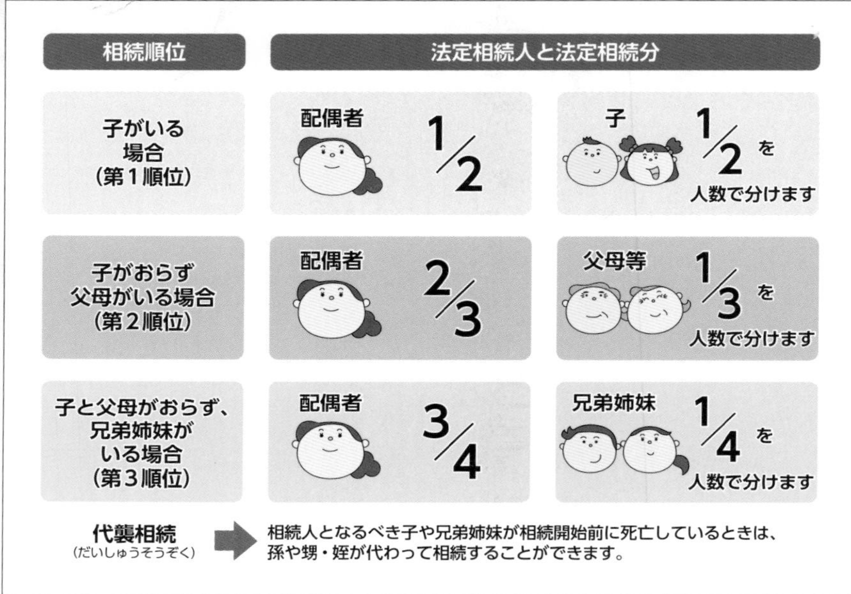

相続の対象になる財産、ならない財産

相続の対象になる財産とは、どのようなものなのでしょうか。

これをよく知っておかないと、返済できない負債まで相続してしまうことになりかねません。また、相続の対象とならない財産を知っていれば、これをうまく利用する方法があります。

民法には、「相続人は、相続開始のときから、被相続人の財産に属した一切の権利義務を承継する」と定められています。

そのため、相続の対象となる財産には、不動産、現金、預貯金、株券などのプラスの財産（**積極財産**）だけでなく、借入金、住宅ローン、損害賠償義務などのマイナスの財産（**消極財産**）も含まれます。また、通常の保証債務についても相続の対象となります。

プラスだけでなくマイナスの財産もあるため、相続が生じた際、積極財産より消極財産の額のほうが多いこともあります。しかしその場合でも、原則として全ての財産（積極財産および消極財産の両方）を受け継ぐことになり

図表６　相続財産の対象

不動産	土地、建物
動産	現金、自動車、貴金属、美術品など
債権	借地権、賃借権、貸金債権など
無体財産権	特許権、著作権、商標権、意匠権など
裁判上の地位	裁判上の損害賠償請求権など
債務	借入金、損害賠償債務など

ます（図表6）。

ただし、積極財産よりも消極財産のほうが多い場合は、積極財産と消極財産のどちらも受け継がない方法、つまり相続放棄を選択することができます。また、積極財産の範囲内で引き継ぐという条件で相続をする限定承認という方法もあり、遺産がプラスになるかマイナスになるか不明確なときに用いられます。

前述のように、相続においては、被相続人が有していた全ての財産を相続することが原則です。ただし、民法には「被相続人の一身に専属したものは、この限りではない」と規定されており、相続財産の対象外となる財産があることを認めています。

ここで、何が「被相続人の一身に専属した」財産といえるのかが問題になります。その典型例としては、芸術作品を作る債務や、雇用契約上の労務提供債務などがあります。

例えば、画家が依頼者から依頼された作品の制作中に死亡したあと、その子が父（または母）に代わって作品を制作する債務を負うことには無理があり、不合理となるような場合です。

相続財産を把握することの大切さ

相続財産を正確に把握することには大変重要な意味があります。それは、遺産分割にあたって分割方法を決定する前提の数字になるという意味もありますが、税務署へ提出する相続税申告書の正確な数字を算出するという目的もあります。

法人税や所得税は、収入から経費を差し引いた利益に、税率を乗じることで税額を求めます。一方の相続税は、被相続人の遺産である財産の価額（遺産総額）に、税率を乗じることを基本的な計算構造としています。

遺産総額×税率＝相続税

実際に申告を行う場合の計算構造はもう少し複雑で、第1段階では被相続人の遺産を集計し、遺産総額を求めます。

次に第2段階で、遺産総額から基礎控除額を差し引いて、いったん財産を法定相続分として相続したと仮定して相続税率を適用し、相続税の総額を求めます。

最後に第3段階で、相続税の総額を各相続人に配分し、税額控除などを加味して、各相続人の納付税額を求めることになります[5]。

したがって、相続税額の計算をするためには、どのような財産が相続財産になるのかを正確に把握する必要があります。

相続税の節税のために銀行で借り入れを行い、アパートを建設した――このような話を耳にしたことはないでしょうか。借入金があれば、それは消極財産として他の資産から控除できます。さらに、土地の上に賃貸物件を建築することで、更地のときよりも土地の評価額を下げることができます。

相続税の節税の観点からも、どのような財産が相続の対象になり、それをどう評価するのかを知ることは大変重要です。

「単純承認」「限定承認」「相続放棄」とは

相続は資産をもらえるだけでなく、借金も譲り受けることになります。通常の相続は単純承認ですが、明らかに負債が大きいなら相続放棄を選択できます。

民法は、「相続人は、自己のために相続の開始があったことを知った時から3カ月以内に、相続について、単純もしくは限定の承認または放棄をしなければならない」と規定しています。

ここで相続人に与えられる選択肢としては、

①単純承認
②限定承認
③相続放棄

の3つが挙げられます。

相続とは本来、被相続人の積極財産（＝資産）および消極財産（＝債務）の全てを相続人が引き継ぐことです。これが単純承認です。

一方、限定承認とは、相続財産限りで債務を清算し、なお余剰の資産がある場合に限って相続をするという方法

5　相続税の計算方法に関しては142ページの「相続税の計算方法」で解説します。

です。

これに対し、**相続放棄**は文字通り一切の遺産を相続しないという方法です。

テレビドラマや小説では、親が莫大な借金を残して死んでしまったがために……、などという涙を誘うような状況設定がしばしば出てきますが、実務上は相続放棄をすればよいのです。

ただし、気をつけなくてはいけないことがあります。

民法には、相続人が単純承認をするという意思表示をしなくても、以下の3つの場合には、単純承認がなされたものとみなすという規定があります。これを、**法定単純承認**といいます。

①相続人が、相続財産の全部または一部を処分した場合

ここでいう処分とは、売却や譲渡といった行為だけではなく、家屋の取り壊しも含みます。預金を勝手に引き出して車を買ったなどという場合は、もちろん単純承認をしたものとみなされます。ただし、葬式費用に相続財産を支出した場合など、信義則上やむを得ない処分行為については「処分」にあたらないとする裁判例があります。

②相続人が、熟慮期間内に限定承認も相続放棄もしなかった場合

熟慮期間については、「自己のために相続の開始があったことを知った時から3カ月以内」と民法で定められています[6]。この期間に相続人が限定承認も相続放棄もしなかった場合は、単純承認をしたとみなされます。

③相続人が、限定承認または相続放棄をした後に、相続財産の全部または一部を隠匿したり、私にこれを消費したり、悪意でこれを財産目録中に記載しなかった場合

このような行為は、相続債権者などに対する背信的行為といえます。かかる行為をした相続人は保護されないため、単純承認がなされたものとみなされます。

限定承認と相続放棄について、もう少し詳しく触れておきます。

まず**限定承認**ですが、これは被相続人の残した債務および遺贈を、相続財

6　熟慮期間は、裁判所へ申し立てて許可を得れば伸長されます。

産の限度で支払うことを条件として、相続を承認する相続形態です。

仮に、被相続人の債務が、相続により相続人が得る資産、すなわち相続財産を超過することが明らかである場合、相続人は相続放棄をすることにより、債務負担を免れることができます。

しかし、被相続人が資産も相当有するが債務も相当負っており、債務が相続財産を超過するかどうかが判然としない場合もあります。

このような場合に、被相続人の債務を相続財産の限度で弁済し、債務を完済してなお相続財産が残っている場合は、これを相続人が相続し、逆に債務が残っている場合は、相続人は当該債務までは負担しない、ということを可能にしたのが限定承認という制度です。

限定承認を行う場合は、熟慮期間内に、被相続人の財産（資産および債務）について財産目録を作成し、これを家庭裁判所に提出して、限定承認をする旨を申し述べる必要があります。さらに、相続人のうちの1人が単独で限定承認を行うことはできず、相続人全員が同意しなければなりません。

このように、いろいろな制約があるため、実際には限定承認はほとんど利用されていません。

厚生労働省の令和3年人口動態統計によれば、令和3年に死亡した人は143万9,856人ですが、裁判所の令和3年司法統計年報によれば、限定承認の申述をした件数は689件にとどまっています。

次に相続放棄ですが、これは熟慮期間内であれば、相続の効力を確定的に消滅させられる意思表示であり、相続放棄により債務の承継を免れることができます。

相続放棄には条件や期限をつけることができず、相続財産の一部だけを相続放棄することも許されません。熟慮期間内に家庭裁判所に対して放棄の申述をしなければならない点は限定承認と同様ですが、限定承認とは異なり、財産目録の作成は不要です。

相続放棄において注意が必要なのは、「相続の放棄をした者は、その相続に関しては、最初から相続人とならなかったものとみな」される点です（図表7）。

これまでご説明してきたように、相続が開始されると、相続人は単純承認、限定承認、相続放棄という3つの選択肢のうち、いずれかひとつを選択することになります。単純承認以外の方法は、家庭裁判所への申し立ての手続きが必要となるので注意が必要です。

図表8に、単純承認、限定承認、相続放棄の例を示しますので参考にしてください。

図表７　相続放棄者がいる場合の相続分

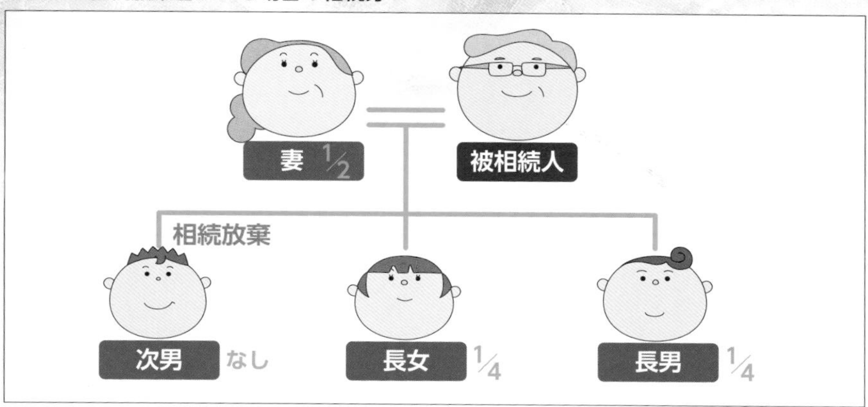

図表８　単純承認、限定承認、相続放棄の例

「単純承認」により全て相続する場合

土地（自宅）	5,000万円
現金	5,000万円
借金	−5,000万円

→ 単純承認

全てを相続することで、相続財産は5,000万円

「限定承認」によりプラスの財産の範囲内で相続する場合

土地（自宅）	1,000万円
現金	1,000万円
借金	−3,000万円

→ 限定承認

借金−3,000万円のうち、プラスの財産の
範囲内で弁済できる−2,000万円だけ相続

「相続放棄」により財産を一切相続しない場合

現金	1,000万円
借金	−5,000万円

相続放棄

全てを相続しない

相続放棄を行うときの注意点

前節で、相続には3つの方法があることをお話ししました。単純承認、限定承認、相続放棄です。全財産がマイナスになりそうなら、相続放棄を選択するのが普通です。

ここでは、その相続放棄について、もう少し詳しく説明します。

相続放棄にあたって大切なことは、財産の正確な把握です。資産のほうが大きいのか、それとも負債のほうが大きいのか。これを正確に把握できなければ、相続放棄をするかどうかの判断がつきません。

亡くなった方が一見、借金がないようであっても、個人事業主の場合は注意が必要です。住宅ローンの場合は団体信用生命保険により借り入れは全額返済されますが、一部を除き、ほとんどの事業性資金はそのまま相続人に引き継がれることになります。

さらに、税金や預かり金、社会保険料などの支払いが残されていたり、他の会社の連帯保証人になっている場合もあります。まずはこれらを正確に把握する必要があります。

そしてもっとも大切なことは、熟慮期間である3カ月以内(伸長をした場合はその期間内)に、家庭裁判所に対して放棄の申述をしなければならないことです。この期間が経過すると、単純承認をしたものとみなされます。

事実上の相続放棄

相続支援にかかわると、**法律上の相続放棄**と**事実上の相続放棄**を混同されている方がたくさんいらっしゃることを感じます。

事実上の相続放棄とは、次のようなことをいいます。例えば相続人が3人いたとします。そのうちのひとりAが家裁に申述するのではなく、他の相続人BとCに「自分は財産はいらないからBとCだけで分けてほしい」と意思表示をしたとします。これを事実上の相続放棄と呼びます。

事実上の相続放棄が法律上の相続放棄と異なるのは、この場合のAは法的には依然として相続人であって、遺産分割協議に参加しなければならないことです。一方、法律上の相続放棄の場合は、最初から相続人ではないことになるので、遺産分割協議に加わることができません。

「相続放棄をした」という場合でも、それが法律上の相続放棄か、事実上の相続放棄かで遺産分割協議の当事者が

図表９　相続放棄と債務の関係。放棄した借金が想定外の親族に巡ってくることも……

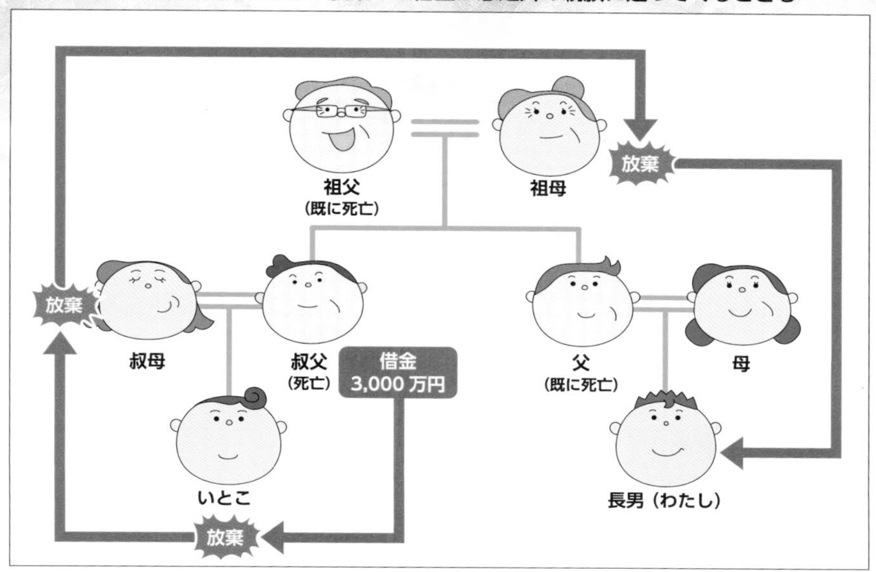

変わってくるので注意が必要です。

相続放棄は慎重に

最後に、相続放棄にまつわるちょっと怖いエピソードをご紹介しましょう。

ある日、銀行から身に覚えのない催告書が内容証明郵便で送られてきました。「3,000万円の融資金を即刻返済しろ」というとんでもない内容です。そのような銀行との取引はありませんし、全く身に覚えがない借入金でした。

銀行に確認すると、叔父の借入金であることが分かりました。なぜ、このようなことになったのかといいますと、事業を営んでいた叔父が亡くなり、その家族は相続放棄を行い、さらに叔父の母、つまり祖母も放棄したというのです。

皆が相続放棄を行ったことで、巡り巡って、相続の順番が「わたし」のところへきたのです（図表9）。

相続放棄を行う際には、他の親族に迷惑がかかる可能性があることも考えて、あらかじめ次順位の相続人と情報の共有を行うことが大切です。

改正相続法の重要ポイント「配偶者居住権」

民法には、被相続人の財産を相続人に承継させる際の基本的なルールが定められており、この部分を相続法と呼びます。

2018年7月成立の改正相続法をふまえ、2020年4月1日以後に発生する相続では、①配偶者短期居住権、②配偶者居住権が認められています。

①配偶者短期居住権

法改正前は、たとえ長期間自宅建物に住んでいる配偶者であっても、遺産分割で配偶者以外の相続人が建物を取得し、建物からの退去を求められた場合には、建物から出なければなりませんでした。

そこで、法改正により、配偶者は、相続開始の時に被相続人が所有する建物に無償で居住していた場合には、遺産分割によりその建物（居住建物）の帰属が確定する日、または相続開始の時から6カ月を経過する日のいずれか遅い日までの間、無償で居住建物を使用する権利（配偶者短期居住権）が認められました。

ただし、遺言がある場合などは、短期居住権が成立しないケースもあります。

②配偶者居住権

夫（または妻）が死亡した後も、配偶者の生前と同じように、自宅に住み続けたいという方は多いでしょう。このような希望がある方が、遺産分割によって自宅の土地建物を取得すると、不動産の取得分が大きくなり、預貯金などの他の遺産の取得分が少なくなることがありました。

このため改正相続法では、一定の要件を満たす場合、配偶者は、居住建物について終身または一定期間につき、使用・収益を認める内容の権利（配偶者居住権）を取得することができるとされました。

これにより、自宅の土地建物を他の相続人が取得しても、無償で自宅に住み続けることができます。また、配偶者居住権は不動産そのものよりも財産的な価値が低いため、他の遺産の取得分が増えることになります。

ただし、配偶者居住権を取得するためには、遺産分割協議（または調停・審判）で定めるか、被相続人からの遺贈（遺言による贈与）の必要があります。配偶者であれば当然に認められるわけではありませんので、注意が必要です。

第2章
相続手続きに関する知識

相続をした預貯金を口座から引き出したり、不動産を売却したりするためには、それらの名義を変更する手続きが必要です。本章では、相続手続きに関する基本的な知識をご説明します。

相続が開始すると、遺族や遺言執行者などは、預貯金の相続（払戻しなど）の手続きを行う必要があります。

しかし、銀行や郵便局の口座に預けた預貯金は、金融機関がその口座の名義人が亡くなったことを知った時点で凍結されます。そして、預貯金の相続手続きが終わるまで、原則として払戻しを受けられなくなります。

このような不便な状況を改善するため、相続に関する民法の規定が改正されています。**遺産分割前の相続預貯金の払戻し制度**（131ページ参照）により、遺産分割が確定する前でも、故人の預貯金の払戻しを受けることができます（2019年7月1日以降）。

預貯金相続の手続きの流れ

相続が開始されてからの、預貯金相続の手続きの流れは、概ね以下のとおりです。

なお、取引金融機関によっては、ここで説明する書類以外にも、書類の提出を求められることがあります。詳しくは、取引金融機関にお問い合わせください。

【STEP1】金融機関への連絡

相続が開始した場合、その口座名義人の取引金融機関に連絡が必要

図表 10　預貯金相続の手続きに必要な書類

⑴遺言書がある場合 ①遺言書 ②検認調書または検認済証明書（公正証書遺言以外の場合） ③被相続人（亡くなった人）の戸籍謄本または全部事項証明書（死亡が確認できるもの）※ ④その預貯金を相続する人（遺言執行者がいる場合は遺言執行者）の印鑑証明書※ ⑤遺言執行者の選任審判書謄本（裁判所で遺言執行者が選任されている場合）
⑵遺言書がなく、遺産分割協議書がある場合 ①遺産分割協議書（法定相続人全員の署名・押印があるもの） ②被相続人の除籍謄本、戸籍謄本または全部事項証明書（出生から死亡までの連続したもの）※ ③相続人全員の戸籍謄本または全部事項証明書※ ④相続人全員の印鑑証明書
⑶遺言書がなく、遺産分割協議書がない場合 ①被相続人の除籍謄本、戸籍謄本または全部事項証明書（出生から死亡までの連続したもの）※ ②相続人全員の戸籍謄本または全部事項証明書※ ③相続人全員の印鑑証明書
⑷家庭裁判所による調停調書・審判書がある場合 ①家庭裁判所の調停調書謄本または審判書謄本（審判書上確定表示がない場合は、さらに審判確定証明書も必要） ②その預貯金を相続する人の印鑑証明書

※ ほとんどの金融機関では、法務局発行の「法定相続情報の一覧図の写し」により、戸籍謄本および全部事項証明書が不要になります（各金融機関にお問い合わせください）。

となります。金融機関からは、取引内容、相続のケースに応じて、具体的な相続の手続きについて案内があります。

【STEP2】必要書類の準備

被相続人の預貯金相続の手続きに必要な書類は概ね図表10のとおりです。遺言書や遺産分割協議書の有無などによって、必要な書類に違いがあります。

【STEP3】書類の提出

取引金融機関所定の相続手続書類に所定の事項を記入し、相続人の署名・押印をしたうえで、上記の必要書類と併せて、取引金融機関に提出します。

【STEP4】払戻しなどの手続き

取引金融機関による上記書類の確認後、払戻しなどの手続きが行われます。

遺産分割前の相続預貯金の払戻し制度

相続が開始し、相続預貯金が遺産分割の対象となる場合は、遺産分割が終了するまでのあいだ、相続人単独では相続預貯金の払戻しを受けられないことがあります。

しかし、遺産分割が終了する前であっても、各相続人が当面の生活費や葬式費用の支払いなどのためにお金が必要になる場合があります。遺産分割前の相続預貯金の払戻し制度は、このような状況に対処するための制度で、預貯金の払戻しを1人の相続人の意思で受けられるようになります。金融機関の窓口に申し出る方法と、家庭裁判所に申し立てる方法の2つがあります。

なお、この制度を利用するためには一定の書類を提出する必要があり、提出した書類を金融機関が確認する時間も必要です。したがって、生活費はまだしも、葬式費用に直接充てるのは困難かもしれません。また、金融機関の窓口に申し出る方法は、払戻しを受けられる金額に上限があります。

一方、家庭裁判所に申し立てる方法は、金額に上限がないものの、利用するには預貯金だけでなく、相続財産全てについて遺産分割の審判または調停の申し立てが必要となり、手間と費用を要することになります。

金融機関の窓口に申し出る方法

各相続人は、相続預貯金のうち、口座ごと（定期預貯金の場合は明細ごと）に132ページの図表11の計算式で求めた額について、単独で払戻しを受けることができます。

なお、同一の金融機関（同一の金融機関の複数の支店に相続預貯金がある場合はその全支店）からの払戻しは150万円が上限になります。

家庭裁判所に申し立てる方法

家庭裁判所に遺産の分割の審判や調停が申し立てられている場合に、各相

図表 11　金融機関の窓口に申し出る場合の計算式

単独で払戻しができる額 ＝ 相続開始時の預貯金額（口座・明細基準）× 1/3 × 払戻しを行う相続人の法定相続分
必要書類　130 ページの図表 10 の(3)と同様。ただし、③は「預貯金の払戻しを希望する人の印鑑証明書」になる。
計算例　相続人が長男、次男の 2 名で、相続開始時の預貯金額が 1 口座の普通預貯金 600 万円であった場合 長男が単独で払戻しができる額＝ 600 万円 × 1/3 × 1/2 ＝ 100 万円

図表 12　家庭裁判所に申し立てる場合の計算式

単独で払戻しができる額 ＝ 家庭裁判所が仮取得を認めた金額
必要書類　130 ページの図表 10 の(4)と同様。ただし、②は「預貯金の払戻しを希望する人の印鑑証明書」になる。

続人は、家庭裁判所へ申し立ててその審判を得ることにより、相続預貯金の全部または一部を仮に取得し、金融機関から単独で払戻しを受けることができます（図表12）。

なお、生活費の支弁などの事情により相続預貯金の仮払いの必要性が認められ、なおかつ他の共同相続人の利益を害しない場合に限られます。

相続した不動産の名義変更（相続登記）手続き

亡くなった人の不動産を相続により引き継ぐことになった場合、相続登記をせずにいると、相続人が亡くなり次の相続が開始するなどして、権利関係が複雑になります。また、その不動産を売却しようとする場合には、原則として相続登記が完了していないと、売買契約を結ぶことは困難です。このようなトラブルを未然に防止する観点から、相続開始後、すみやかに相続登記を行うことが必要です。

登記費用の負担や手続きの煩雑さなどの理由により、相続登記がされないために、登記簿から所有者が分からない土地が全国的に増加し、社会問題となっています。このため、2024年4月1日からは、相続により不動産の所有権を取得したことを知った日から 3

年以内に、相続登記の申請をしなければならないことになりました。

また、遺産分割協議の成立により不動産を取得した相続人は、遺産分割協議が成立した日から3年以内に相続登記の申請をしなければなりません。

なお、正当な理由[1]がないにもかかわらず申請をしなかった場合には、10万円以下の過料の対象となります。

2024年4月1日より前に相続が開始している場合は3年の猶予期間がありますが、義務化の対象となります。

相続登記手続きの種類

相続登記手続きには、大きく次の3つがあります。

①法定相続による相続登記
②遺産分割による相続登記
③遺言による相続登記

法定相続は相続の基本型で、民法で定められた順序と割合で各相続人が相続をします。遺言があったり、遺産分割協議が行われたりする場合は、法定相続とは異なる相続がなされることがあります。しかし、遺言も遺産分割協議もない場合は、この基本型の法定相続で相続をすることになります。

一般的には法定相続や遺産分割による相続が多いといえますが、最近は遺言による相続も増えています。

遺言がある場合でも、遺言とは異なる遺産分割協議を行える場合があります。この場合は、遺産分割による相続登記を行うことになります。

なお、相続登記は相続人が法務局で行います。相続人が複数いる場合は、そのうちの1名が、全員の分を申請することも可能です。また、遺産分割協議で、複数いる相続人のうちの1名に相続させると協議した場合は、その不動産を取得する相続人が申請人になります。

参考までに、相続登記にかかる費用を134ページの図表13に、相続登記に必要な書類を図表14に示します。

不動産の根抵当権に注意

相続税対策のために、銀行からの融資で賃貸建物を建てるケースがあります。その場合には注意が必要です。

もしも、その建物に根抵当権が設定されているのなら厄介です。根抵当権の債務者が亡くなった場合、その死亡から6カ月以内に後継債務者（指定債

1　正当な理由の例：①相続登記を放置したために相続人が極めて多数になり、戸籍謄本などの必要な資料の収集や、他の相続人の把握に多くの時間を要するケース。②遺言の有効性や遺産の範囲などが争われているケースなど。

図表 13　相続登記にかかる費用

①登記事項証明書代：1 物件につき 600 円
　要約書にした場合：1 物件につき 450 円
②戸籍、住民票、評価証明書代：数千円
③法務局への交通費または郵送代：数千円
④登録免許税：固定資産評価額の 1,000 分の 4

図表 14　相続登記に必要な書類

共通して必要なもの

- 登記申請書
- 被相続人が生まれてから死亡するまでの戸籍謄本（除籍、改製原戸籍、現戸籍）※
- 被相続人の住民票の除票（本籍地の記載のあるもの）※
- 相続人全員の戸籍謄・抄本※
- 不動産を取得する相続人の住民票の写し※

※法務局発行の「法定相続情報の一覧図の写し」に代替することができます。

- 相続不動産の固定資産税評価証明書
- 相続人の委任状（代理人により申請する場合）
- 相続関係説明図（戸籍謄本、除籍謄本などの原本還付を受けるため）

場合によっては必要になるもの

- 遺言書がある場合は、遺言書
- 遺言執行者の指定がある場合は、遺言執行者の印鑑証明書
- 特別受益者がいる場合は、特別受益証明書及び印鑑証明書
- 相続放棄をした人がいる場合は、相続放棄申述受理証明書
- 遺産分割協議をした場合は、遺産分割協議書及び相続人全員の印鑑証明書
- 調停または審判に基づいて相続登記を申請する場合は、調停調書または審判書（確定証明書付き）の謄本
- 相続欠格者がいる場合は、確定判決の謄本または欠格者自身が作成した証明書・印鑑証明書
- 推定相続人の廃除がなされた場合は、その旨が戸籍に記載されるので、別途書面は必要ない

務者）を定める合意の登記をしないときは、根抵当権の元本は相続開始のとき（債務者の死亡時）に確定したものとみなされます。

根抵当権の元本が確定すると、新たな融資を受けることができなくなるなど、銀行との取引上大きなマイナスとなります。

そして、よく混同されるのは、根抵当権の合意の登記には、死亡から6カ月後までという期限があることです。相続税の申告と支払いの期限が10カ月後までですので、この期限の違いについては気をつけなければなりません。

死亡保険金の請求手続き

生命保険の死亡保険金は、相続財産とは別に扱われます。生命保険をうまく利用することで、相続をスムーズに進めることも可能です。

その一方で、相続の対象財産を考える場合に、問題になりやすいのが生命保険であるともいえます。

相続に関係するのは、正確には保険金という現金ではなく、生命保険金請求権です。この段階ではまだ保険金を請求できる権利であって、現金化されていないからです。

生命保険金請求権については、例えば受取人として「太郎さん」を指定した場合、同請求権は、遺産分割協議の対象にはならず、保険契約の効力発生と同時に太郎さんの固有財産となります。したがって、生命保険金は太郎さんのみが得ることになります。

「それがどうしたの？」と、素通りしてしまいそうな話ですが、相続財産とは別のものというところがポイントです。

具体的な事例を挙げて、説明をさせていただきます。

Aさんには法定相続人である3人の息子B、C、Dがいる。そして、Aさんには3,000万円の銀行預金がある。

事例①　もしも、このままAさんが亡くなると、息子B、C、Dはどれだけの遺産を相続するのでしょうか。

答えは簡単ですね。B、C、Dそれぞれが1,000万円ずつAさんの預金を相続することになります（136ページの図表15）。

では、ここで生命保険を使ってみましょう。

図表15　Aさんの遺産の相続

Aさんの遺産3,000万円（預金）

Bが相続する遺産	Cが相続する遺産	Dが相続する遺産
1,000万円（預金）	1,000万円（預金）	1,000万円（預金）

図表16　Aさんの遺産の相続（生命保険がある場合）

Aさんの遺産600万円（預金）

Bが相続する遺産	Cが相続する遺産	Dが相続する遺産
200万円（預金）	200万円（預金）	200万円（預金）
2,400万円（保険金請求権）		

事例②　Aさんの3人の息子のうち、CとDは家を出てしまいましたが、Bは家業を継ぎ、Aさんの老後の面倒も看てくれています。Aさんが病気を患ってからは特に熱心に介護してくれています。そのため、AさんはBに、財産を他の息子よりもたくさん残してやりたいと考えています。

そこでAさんは、銀行預金3,000万円のうち、2,400万円をBが保険金受取人になるような、一時払い終身保険としました。

そうすると、相続により分割されるAさんの遺産は600万円のみで、残りの2,400万円は保険金請求権という形でBのものとなります（図表16）。

こうすることにより、遺言がなくとも法定相続分とは異なる遺産分割が可能になります。

付け加えますと、法定相続で遺産を受け取ることができるのは、法定相続人に限られています。しかし、保険金受取人を法定相続人ではない人にすれば、法定相続人以外の人に財産を残すことも可能です。

例えば、長男の妻は法定相続人にはなれません[2]。介護などで特別世話になったので財産を残してやりたいと思っても、法定相続分はゼロです。そのようなケースで、保険金請求権を利用する価値があります[3]。

保険金請求権が相続財産とは別に扱

2　長男の妻を法定相続人にするために、養子縁組みをするという手段もありますが、ここではそれは考えません。

3　長男の妻を生命保険金の受取人に指定した場合、相続税の計算において、非課税枠の適用はありません（143ページ参照）。また長男の妻は、被相続人の一親等の血族および配偶者以外の人にあたりますので、相続税額に2割が加算されます（147ページ参照）。

われるメリットをもうひとつ紹介しておきます。遺産分割には長い時間と労力がかかります。遺産は相続人全員の共有財産となりますので、相続人のひとりが勝手にそれを処分することはできないのです。銀行預金であれば、遺産分割前の相続預貯金の払戻し制度で払戻しできる部分を除き、遺産分割協議書が整うまで、銀行は払い出しに応じません。何千万円もの遺産を受け取る権利がありながら、ただ預金通帳を眺めるだけという期間が何カ月も続くこともあります。それだけならまだよいのですが、お金が必要なのに、どうにもできないこともあります。

生命保険であれば、遺産分割協議とは全く関係なく、受取人が保険金を受け取ることができます。

138ページの図表17に、生命保険金や給付金の請求・受け取りのポイントをまとめましたので参考にしてください。

年金関係の諸手続き（遺族年金など）

厚生年金や共済組合などの加入者が死亡し、かつ個々の支給要件を満たす場合、その遺族には遺族年金が支給されます。

加入者（被相続人）の死亡によって具体的な財産請求権が発生するという点に注目すれば、遺族年金請求権は相続財産とみなされ、課税されるように見えます。

しかし、遺族年金はその受給権者や支給規定が法律で個別に定められており、また遺族の生活保障という趣旨で給付される金銭であるため、受給権者固有の権利であると解釈されています。つまり、相続財産とはなりません。

ただし例外として、相続税などの課税対象になる年金受給権もあります。以下に、具体的な例を2つ紹介します。

事例①　在職中に死亡し、死亡退職となったため、会社の規約などに基づき、会社が運営を委託していた機関から遺族の方などに退職金として支払われる年金があります。この年金は、死亡した人の退職手当金などとして、相続税の対象になります。

事例②　保険料負担者、被保険者、年金受取人が同一人の個人年金保険契約で、その年金支払い保証期間内にその人が死亡したために、遺族の方などが残りの期間について年金を受け取る場合があります。この場合、死亡した人から年金受給権を相続または遺贈により取得したものとみなされて、相続税

図表 17　生命保険金や給付金の請求・受け取りのポイント

《ポイント 1》生命保険会社に連絡しましょう
保険金・給付金の支払事由に該当した場合、保険証券・「ご契約のしおり・(定款)・約款」などを確認し、すみやかに生命保険会社の担当者、または最寄りの営業所、支社、サービスセンター・コールセンターなどに連絡してください。
《ポイント 2》請求から受け取りまでの流れを確認しましょう
保険金・給付金の支払事由に該当した場合、受取人本人が請求する必要があります。あらかじめ、請求から受け取りまでの流れを確認しましょう。
《ポイント 3》保険金・給付金の内容や受け取れる場合・受け取れない場合を確認しましょう
保険金・給付金の内容や受け取れる場合または受け取れない場合については、「ご契約のしおり・(定款)・約款」・生命保険会社のホームページ・請求手続きなどに関するガイドブックなどに記載されていますので、確認してください。
《ポイント 4》請求もれがないように、しっかり確認しましょう
保険金・給付金の支払事由に該当した場合、契約している内容によっては複数の保険金・給付金が受け取れることがありますので、十分に確認してください。また、契約が複数ある場合は全件確認してください。
《ポイント 5》「指定代理請求人」などによる請求ができる場合があります
被保険者が受取人となる保険金・給付金について、受取人（被保険者）が請求できない所定の事情がある場合には、指定代理請求人に関する特約を付加することなどにより、代理人が請求することができます。(代理人に対しては、あらかじめ支払事由および代理請求できる旨、説明しておくことが大切です。)

公益財団法人 生命保険文化センターのウェブサイトより

の課税対象になります。

年金を受ける権利は、受給者が亡くなると失われます。そのため、亡くなってから10日（国民年金は14日）以内に、年金事務所または年金相談センターに死亡届出（年金受給権者死亡届の提出）をしなければなりません。

届出には、死亡届のほか、死亡の事実を証明する書類（戸籍抄本、死亡診断書など）が必要になります。

ただし、日本年金機構にマイナンバーが収録されている人は、原則として死亡届を省略できます。

遺族が前述の遺族年金を請求する場合は、年金請求書に必要な書類を添えて、年金事務所または年金相談センターに提出します。

その他財産の名義変更手続き一覧

預貯金や不動産の名義変更、生命保険金の請求、年金関係の諸手続きについてはこれまでに説明しましたが、ここではその他の財産の名義変更手続きについて触れます。

遺産分割協議が終了し、相続財産の分配が決まると、その内容に従って遺産分割協議書を作成します。そして、その内容どおりに相続財産の名義を変更していく手続きを進めなければなりません。

相続財産の名義変更には、いつまでにしなくてはならないという期限はありませんが、名義変更の前に次の相続が起こってしまった場合、手続きが複雑になり、トラブルのもとになります。また、相続した財産を売却する場合、名義人が被相続人のままだと売却できませんので、結果的に名義変更をしなければなりません。

そういったトラブルを避けるためにも、遺産分割協議が終了したら、なるべく早めに相続財産の名義変更を行いましょう。

株式の名義変更手続き

株式の名義変更の手続きは、被相続人名義の株式が上場株式か非上場株式かで異なります。

上場株式は、証券取引所を介して取引が行われています。そのため、証券会社と、相続する株式を発行した株式会社の両方で、手続きを行います。

証券会社は顧客ごとにそれぞれ取引口座を開設していますので、取引口座の名義変更手続きを行います。

取引口座を相続する相続人は、以下の書類を証券会社に提出し、名義変更を行います（ここに挙げたものは一般的な例で、証券会社や個々の事例により異なることがあります）。

①取引口座引き継ぎの念書（証券会社所定の用紙）
②相続人全員の同意書（証券会社所定の用紙）
③相続人全員の印鑑証明書
④被相続人の出生から亡くなるまでの連続した戸籍謄本（除籍謄本を含む）または法定相続情報の一覧図の写し
⑤相続人全員の戸籍謄本または法定相続情報の一覧図の写し

証券会社で取引口座の名義変更手続きが終了したら、次に株式を発行した

図表 18　相続財産の名義変更

	遺産の種類	手続き先	必要な書類
名義書換手続き	不動産	地方法務局（本支局・出張所）	所有権移転登記申請書、戸籍謄本（相続人）※1、除籍謄本（被相続人）※1、住民票（相続人）、固定資産課税台帳謄本、その他書類※2
	預貯金	預貯金先	依頼書（銀行などに備付）、除籍謄本（被相続人）※1、戸籍謄本（相続人）※1、預貯金通帳、その他書類※2
	自動車	地方運輸局の運輸支局など	移転登録申請書、自動車検査証（有効なもの）、自動車検査証記入申請書、戸籍謄本（相続人）※1、除籍謄本（被相続人）※1、自動車損害賠償責任保険証明書（呈示のみ）、その他書類※2
	特許権／実用新案権／意匠権／商標権	特許庁審査業務課登録室	移転登録申請書、戸籍謄本（相続人）※1、除籍謄本（被相続人）※1、その他書類※2
支払い請求手続き	生命保険金	生命保険会社	戸籍謄本（相続人）※1、除籍謄本（被相続人）※1、生命保険証、生命保険金請求書、死亡診断書、印鑑証明書（相続人）
	退職金	勤務先	戸籍謄本（相続人）※1、除籍謄本（被相続人）※1

※1 ほとんどの手続き先では、被相続人および相続人の除籍謄本・戸籍謄本は「法定相続情報の一覧図の写し」で代替できます（各手続き先にお問い合わせください）。
※2 上記に加えて、遺産分割協議書および相続人全員の印鑑証明書、または遺言書が必要です。

株式会社の株主名簿の名義変更手続きをします。この手続きは、証券会社が代行して手配してくれます。その際、相続人は以下の書類を用意することになります。

相続人全員の同意書（名義の書き換えを代行している証券会社所定の用紙）

非上場株式は取引市場がないので、会社によって行う手続きが変わります。発行した株式会社に直接問い合わせる必要があります。

このほかにも、自動車、特許権、生命保険金、退職金など、手続きが必要な財産はあります。

図表18に、おもな相続財産の名義変更についてまとめました。名義の変更に必要な書類は、この図表以外にも存在する場合があります。手続きの際には、あらかじめ手続き先に問い合わせ、確認をしておくとよいでしょう。

第3章
相続税に関する知識

相続が発生すると、相続財産の額によっては相続税を納めなければなりません。ところで、そもそも相続税は何のためにあるのでしょうか。本章では、相続税の基礎知識や、計算方法などについて解説します。

相続税についての基礎知識

相続税とは何か、なぜそのような税金が存在するのか、あらためて考えてみましょう。

財産が親から子へ移るだけなのに、なぜ税金がかかるのでしょうか。相続税のもつ働きについて、代表的なものを紹介します。

所得税の補完機能

相続税は、被相続人が生前に受けた税制上の特典や、負担の軽減などにより蓄えた財産を、相続開始の時点で清算するという働きをもっています。相続税は、所得税を補完するものであるという見方ができます。

富の集中抑制機能

相続税は、相続により相続人などが得た偶然の富の増加に対し、その一部を税として徴収するという働きをもっています。これにより、相続した者と、しなかった者との間の財産の均衡を図り、併せて富の過度の集中を抑制するという意図があります。

相続税は上記の機能を実現するため、所得税などの他の税金とは異なる、独

図表 19　相続税は富の集中を抑制し、相続人間の税負担の公平性を実現

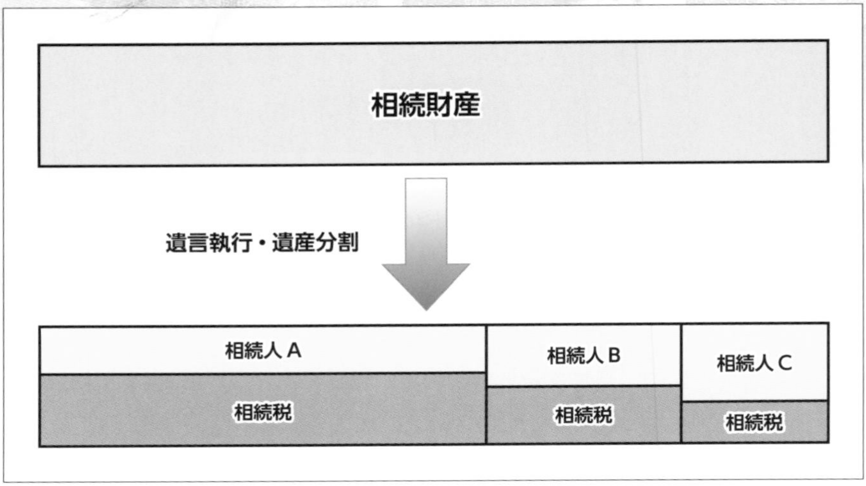

相続財産

遺言執行・遺産分割

相続人 A	相続人 B	相続人 C
相続税	相続税	相続税

特の課税方式を採用しています。

相続税の額を計算する際は、各相続人が相続した財産に応じて、それぞれ超過累進税率が適用されるため、富の集中を抑制することが期待できます。

また、同一の被相続人から財産を取得した人の間で、取得財産額に応じた税負担の公平性が実現される仕組みが用意されています（図表19）。

相続税の計算方法

正味の遺産額

相続税を計算する場合、まずは相続や遺贈によって取得した預貯金、土地・建物などの遺産総額を求めます。

次に、遺産総額と相続時精算課税[1]の適用を受ける財産の価額を合計し、借入金などの債務や葬式費用を差し引

1　贈与を受けたときに、贈与財産から 2,500 万円の特別控除を適用した残額に 20％の税率を乗じて算出した金額の贈与税を納付します。そして贈与者の相続が開始したときに、その贈与財産と相続財産とを合計した価額をもとに相続税額を計算します（令和 5 年度税制改正により、令和 6 年 1 月 1 日以後の贈与には、2,500 万円の特別控除とは別に、毎年 110 万円の基礎控除が設けられました）。

いて、遺産額を求めます。

そして、遺産額に相続開始前3年[2]以内の暦年課税に係る贈与財産の価額を加算し、相続税がかかる可能性のある正味の遺産額を算出します。

なお、正味の遺産額には、被相続人が亡くなったことで相続人が得る生命保険金[3]や死亡退職金なども含まれます。これらには遺族の生活保障という意味合いがあるため、非課税限度額が設定されています[4]。

生命保険金や死亡退職金の非課税限度額＝500万円×法定相続人の数

生命保険金や死亡退職金は、非課税限度額を超えたぶんが正味の遺産額に加えられます。

相続税の基礎控除額

正味の遺産額を求めたら、次に**基礎控除額**を計算します。正味の遺産額が基礎控除額以下であれば、相続税はかかりません。相続税の基礎控除額は、次の計算式で求めることができます。

基礎控除額＝3,000万円＋600万円×法定相続人の数

例えば、法定相続人が妻と子供3人の場合、基礎控除額は3,000万円＋600万円×4人＝5,400万円になります。正味の遺産額が5,400万円以下の場合は、相続税はかかりません。

逆に、正味の遺産額が基礎控除額を超える場合は、相続税がかかります。ただし、正味の遺産額ではなく、正味の遺産額と基礎控除額の差額に対して相続税がかかります。この差額のことを、**課税遺産総額**と呼びます。

課税遺産総額＝正味の遺産額－基礎控除額

相続税の総額の計算

相続税の額は、少し複雑な方法で計算します（144ページの図表20）。

2　令和５年度税制改正により、暦年課税に係る加算期間は３年から７年に延長されました。令和６年１月１日以後に行われる贈与から、加算期間の延長の対象となります。また、延長された４年間に受けた贈与は、総額100万円までは相続財産に加算されません。

3　生命保険は、被保険者、保険料の負担者、保険金の受取人が誰であるかで、所得税や贈与税、相続税など、かかる税金が変わります。被相続人の死亡によって取得した生命保険金で、その保険料の全部または一部を被相続人が負担していたものは、相続税の課税対象になります。

4　相続人以外の人が取得した死亡保険金には非課税の適用はありません。

図表 20　相続税の計算の流れ

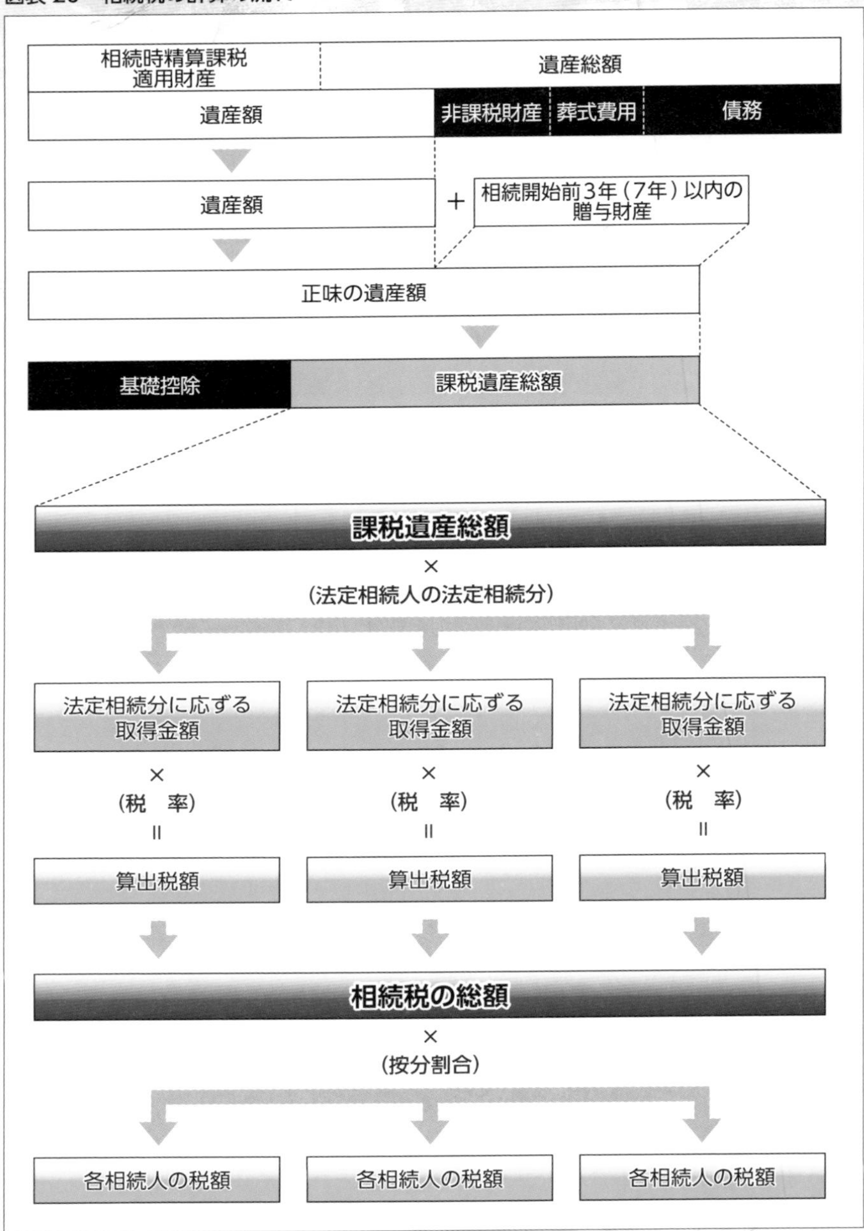

図表 21　相続税の速算表

法定相続分に応ずる取得金額	税率	控除額
1,000万円以下	10%	—
3,000万円以下	15%	50万円
5,000万円以下	20%	200万円
1億円以下	30%	700万円
2億円以下	40%	1,700万円
3億円以下	45%	2,700万円
6億円以下	50%	4,200万円
6億円超	55%	7,200万円

まず、課税遺産総額を、法定相続人がいったん法定相続分で分割したと想定します。そして、各法定相続人が法定相続分に応じて得た金額に、図表21の速算表に示した税率を掛けて、各人の相続税額を求めます。算出した各人の相続税額を合計すると、相続税の総額になります。

遺言や遺産分割協議などのため、法定相続分とは異なる遺産分割を行う場合は、相続税の総額を各法定相続人が実際に財産を取得した割合に応じて按分し、各人の相続税額を求めます。

このような計算方法を用いているのは、遺産分割の方法によって税額が変動すると、それを利用した不当な遺産分割協議が行われる可能性があるからです。

これを防ぐために、遺産を各相続人が法定相続分通りに分割したものと考えて、相続税の総額を計算するのです。

相続税の大まかな額を知っておくと、
今後の方針が立てやすくなりますよ!

相続税を計算してみよう

以下の計算例をもとに、相続税の計算をしてみましょう。

計算例　相続人が配偶者と子2人、相続財産が8,000万円の場合を例に、相続税の概算をします。

①相続財産の合計から基礎控除額を引く

8,000万円－（3,000万円＋600万円×3名）＝3,200万円

②各人の法定相続分の取得額を算出

3,200万円×1/2＝1,600万円（配偶者分）

3,200万円×1/4＝800万円（子の分）

3,200万円×1/4＝800万円（子の分）

※いったん財産総額を法定相続分で取得したと仮定して計算します。

③相続税額を計算

配偶者分：1,600万円×15％－50万円＝190万円

子の分：800万円×10％＝80万円

子の分：800万円×10％＝80万円

合計：350万円

④各相続人の取得額によって按分

（例えば配偶者1/2、長男1/2、次男なしで相続した場合）

配偶者：350万円×1/2＝175万円

配偶者特例　▲175万円→0円

長男：350万円×1/2＝175万円

次男：350万円×0＝0円

参考までに、相続税の概算をまとめた納税早見表を図表22～24に示します。

図表 22　納税早見表（相続人が配偶者と子 2 人の場合）

相続財産	相続税額
5,000万円	10万円
6,000万円	60万円
7,000万円	112.5万円
8,000万円	175万円
9,000万円	240万円
1億円	315万円
1億5,000万円	747.5万円
2億円	1,350万円
2億5,000万円	1,985万円
3億円	2,860万円
3億5,000万円	3,735万円
4億円	4,610万円
4億5,000万円	5,492.5万円
5億円	6,555万円
6億円	8,680万円
7億円	1億870万円
8億円	1億3,120万円
9億円	1億5,435万円
10億円	1億7,810万円

図表 23　納税早見表（子 2 人の場合）

相続財産	相続税額
5,000万円	80万円
6,000万円	180万円
7,000万円	320万円
8,000万円	470万円
9,000万円	620万円
1億円	770万円
1億5,000万円	1,840万円
2億円	3,340万円
2億5,000万円	4,920万円
3億円	6,920万円
3億5,000万円	8,920万円
4億円	1億920万円
4億5,000万円	1億2,960万円
5億円	1億5,210万円
6億円	1億9,710万円
7億円	2億4,500万円
8億円	2億9,500万円
9億円	3億4,500万円
10億円	3億9,500万円
15億円	6億5,790万円
20億円	9億3,290万円
25億円	12億790万円
30億円	14億8,290万円

図表 24　納税早見表（子 1 人の場合）

相続財産	相続税額
5,000万円	160万円
6,000万円	310万円
7,000万円	480万円
8,000万円	680万円
9,000万円	920万円
1億円	1,220万円
1億5,000万円	2,860万円
2億円	4,860万円
2億5,000万円	6,930万円
3億円	9,180万円
3億5,000万円	1億1,500万円
4億円	1億4,000万円
4億5,000万円	1億6,500万円
5億円	1億9,000万円
6億円	2億4,000万円
7億円	2億9,320万円
8億円	3億4,820万円
9億円	4億320万円
10億円	4億5,820万円
15億円	7億3,320万円
20億円	10億820万円
25億円	12億8,320万円
30億円	15億5,820万円

※図表22～24の早見表には、法定相続分で各相続人が取得したと仮定した場合の相続税額の合計額を記載しています。配偶者がいる場合は、配偶者の税額軽減を法定相続分まで適用しています。

⑤相続税額の2割加算

相続、遺贈や相続時精算課税に係る贈与によって財産を取得した人が、被相続人の一親等の血族[5]および配偶者以外の人である場合には、その人の相続税額に、相続税額の2割に相当する金額が加算されます。

5　代襲相続人となった孫（直系卑属）を含みます。

税務署から突然届く「相続税についてのお尋ね」

相続が発生してから半年ほど経ったころ、税務署から突然、「相続税についてのお尋ね」という質問状が入った封書が送られてくることがあります。このような封書がなぜ送られてくるのかについて解説します。

税務署は事前に情報をつかんでいる!?

相続発生後に、税務署から送付されてくる「お尋ね」の封筒は、全ての家に送付されるものではありません。相続税が発生しそうな家をあらかじめ選定して送付されます。では、なぜ税務署はそのようなことが分かるのでしょうか？

税務署はいつ誰が亡くなったのかを全て知っている

人（被相続人）が亡くなると、相続人は最初の手続きとして、市区町村役場に死亡届を提出します。

死亡届を受け取った市区町村役場は、その情報を管轄の税務署に報告します。そのため、死亡届の提出とともに、相続発生の事実を税務署が知ることになります。

富裕層の人や国外に財産を所有している人は要注意

相続発生の事実が税務署に通知されると、税務署では亡くなった人が所有していた財産が相続税の課税対象になる可能性があるかどうかを調べます。過去の所得税の確定申告書、財産債務調書や国外財産調書（150ページを参照）などで判断されます。収益不動産を保有していれば、毎年、不動産所得の確定申告をしています。会社からたくさん給料をもらっていた人も、源泉徴収票などで確認されます。

たくさん税金を納めていたということは、それだけたくさん稼いで財産を蓄積しているのではないかと見られます。

納税額が少なくても油断は禁物

それでは、稼ぎが多くなく、不動産は自宅だけで賃貸物件も所有していないという人は、相続税申告をしなくてもよいのでしょうか？

「お尋ね」は、前述のような方法で、選定された人に送付されてきます。実際のところは、相続税申告が必要な財産を所有していても、税務署から通知

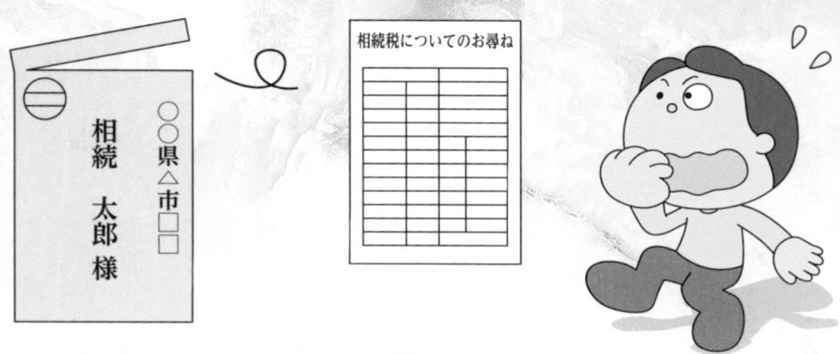

が来ないことも多々あります。

しかしそのような場合でも、相続税の基礎控除を超える財産を保有していれば、相続開始から10カ月以内にきちんと相続税申告を行わなければなりません。

税務署から通知が来ないのであれば、申告しなくても問題ないのではないかと思う方がいらっしゃるかもしれません。しかし、ほとんどのケースでは税務署から連絡が来ます。

むしろ、税務調査を実施すべきと認められると、「お尋ね」の送付はなく、調査の連絡が来ることも多々あります。

例えば、自宅の名義変更のために相続登記を行った場合は、相続登記の情報が法務局から税務署へ通知される仕組みになっているため、自宅を相続した事実が税務署に知られてしまいます。

無申告の状態で相続開始から10カ月が経過した後で、税務署から指摘されて相続税申告を行うと、無申告加算税や重加算税、延滞税、場合によっては罰金などの重いペナルティーを受けることもあるため注意が必要です。

税務署はなぜ「お尋ね」を送るのか

さて、そもそも税務署はなぜ「お尋ね」を送っているのか、その事情を見てみましょう。

最近、「税務署が相続税の無申告者に対する税務調査を強化している」という話をよく耳にします。また、相続税の無申告者と併せて、海外財産に対する調査が強化されています。

税務署は、相続が発生した人に「お尋ね」を送付し、相続の内容、収入金額の内訳について調査を行っています。そのような調査が行われる背景には、税務署のマンパワーの問題があります。

税務署は限られた人員で、相続税の税務調査だけでなく、申告相談、申告書処理、指導をしなければなりません。

そこで相続が起きると、まずは「お

図表 25　国外財産調書の記入例

令和××年 12 月 31 日分　国外財産調書

国外財産を有する者	住所（又は事業所、事務所、居所など）	東京都千代田区霞が関３−１−１		
	氏名	国税　太郎		
	個人番号	0000 0000 0000	電話番号	（自宅・勤務先・携帯）03 ×××× ××××

国外財産の区分	種類	用途	所在 国名	所在	数量	（上段は有価証券等の取得価額）価額	備考
土地		事業用	オーストラリア	○○州△△XX 通り 6000	1 200 ㎡	円 54, 508, 000 円	
建物		事業用	オーストラリア	○○州△△XX 通り 6000	1 150 ㎡	80, 000, 000	
その他の財産	委託証拠金	一般用	アメリカ	○○証券○○支店		10, 000, 000	
合計額						513, 841, 944	
（摘要）							

出所：国税庁ウェブサイト

尋ね」を送ることで、大きく網をかけるのです。そのようにして網にかかった対象のなかから、悪質かつ多額の申告漏れが見込まれる人に対し、重点的に税務調査を行います。

悪質かつ多額の申告漏れが見込まれるところ、それがずばり無申告と海外財産なのです。

税務署は海外財産の調査を強化

とりわけ最近の特徴として、海外財産に対する調査が強化されています。

海外で資産形成を図る人や積極的に海外投資を行う人、海外へ送金してマネーロンダリング（資金洗浄）を行う人の把握、またテロ防止という観点から、現行ルールでは100万円を超える国外送受金があった場合には、金融機関から税務署に国外送金等調書が提出されます。

また税務署では、CRS情報（共通報告基準にもとづく非居住者金融口座情報）をはじめとした租税条約等にもとづく情報交換制度などにより、海外取引や海外資産の保有状況の把握に努めています。

これに加え、平成24年度税制改正で創設された国外財産調書制度にもとづき、その年の12月31日の時点で価額の合計額が5,000万円を超える国外財産を有する人は、財産の種類、数量および価額などの必要な事項を記載した国外財産調書（図表25）を、翌年の3月15日までに税務署に提出しなければなりません。

海外財産に係る申告漏れは高額に上ることから、税務署では収集した各種の情報や、納税者から申告のあった国外財産調書を照らし合わせるなどの分析を行い、海外取引や海外への資産移転に関し、かなり正確な情報を把握し、海外財産の調査を強化しているといえます。

「お尋ね」の対象は拡大傾向

こうした海外投資が身近になるにつれ、「お尋ね」の送り先も、一部の富裕層からサラリーマン、主婦へと広がっています。

今後は国外財産調書に基づく「お尋ね」や税務調査が本格化すると予想されます。

「お尋ね」への回答を提出しなかった場合や、国外送金等調書によって税務署が把握している海外預金口座の記載が国外財産調書になかった場合など、確認が必要なケースでは税務調査に発展する可能性が高くなると考えられます。

第4章
遺産分割に関する知識

故人の遺産を誰がどれだけ引き継ぐのかは、相続人が全員で行う遺産分割協議で決まります。本章では、遺産分割の流れ、遺産分割協議書の書き方、遺産分割協議で問題になりやすいことについて解説します。

遺産分割の流れと遺産分割協議書

人が亡くなると相続が発生し、残された相続人は図表26のような流れで遺産分割を行うことになります。

遺産分割の流れは遺言の有無によって変わり、遺言がない場合は相続人間で遺産分割協議を行います。有効な遺言があればそれを執行することになりますが、その場合でも、遺留分[1]を考慮するために遺産分割協議を行うことができます。そして、そこで決まった内容に基づき、遺産分割協議書を作成します。

遺産分割協議書は、専門家の手を経ずとも、相続人が自分たちで作成できます。

なお、相続人全員の合意があれば、指定相続分や法定相続分とは異なる分割をすることも可能です。たとえ有効な遺言があっても、相続人全員が遺言の存在を知り、その内容を正確に理解したうえで遺言の内容とは異なる遺産分割協議書を作成すれば、その内容は有効です。

なお、不動産がある場合には、裁判所の遺産分割調停や審判調書がある場

1　遺留分については 171 ページの「基礎知識：遺留分とは」を参照。

図表 26　遺産分割のフローチャート

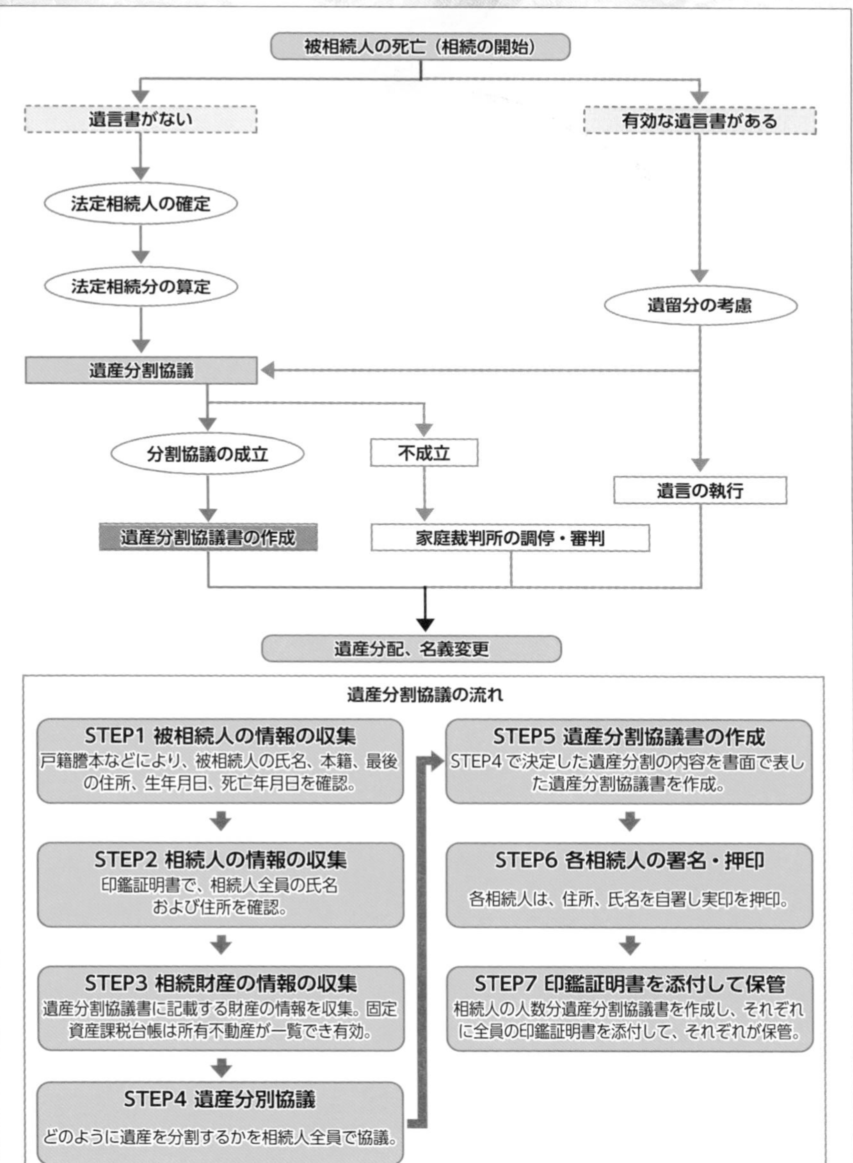

合を除けば、遺産分割協議書（または遺産分割協議証明書）は必ず作成しなければなりません。これは、相続をした不動産の名義を変える際に、法務局へ提出する必須書類だからです。銀行や証券会社の手続きの際にも、遺産分割協議書があれば、解約などの手続きがスムーズに行えます。

遺産分割協議書の作成

遺産分割協議書は、遺言とは異なり、要件を満たさなければ無効となるものではありません。その一方で、相続人全員が納得し、遺産の分割が終了したことを示す書類でもあります。

遺産分割協議書の作成の目的は、不動産や預貯金の名義変更、相続税の申告書への添付などのためだけではありません。相続人間における分割内容の合意・確認や、法的に分割が終了したことを明確にするといった意味合いもあり、とても重要な書類です。

遺産分割協議書作成の留意点

遺産分割協議書の作成にあたっては、いくつかの留意点があります。

- 財産・債務は、漏れなく記載することが必要です。なお、生命保険金や死亡保険金に関しては、遺産分割協議の対象ではないため記載しません。
- もしも遺産分割協議後に見つかった財産や債務があれば、その財産・債務について再度遺産分割協議が必要になります。なお、遺産分割協議後に判明した財産・債務についての取り扱いを、遺産分割協議書にあらかじめ定めておくことも可能です。
- 遺産分割協議書は、複数回にわたって、日を変えて作成しても有効です。
- 遺産分割協議は、相続人全員で行います。認知症の人や未成年者など、遺産分割協議に参加できない人がいる場合は、成年後見人や特別代理人が必要になるケースもあります。なお、遺産分割協議書に押印する印鑑は、全て実印です。

預貯金の相続や、借入金の債務引き受けにあたっては、遺産分割協議書を金融機関に提出することになります。

金融機関では、基本的に遺産分割協議書に基づいて預貯金の分割を行います。ただし、少額の場合は特例扱いで、代表相続人に一括して相続預貯金を渡すこともあります。

金融機関が債権を有している場合でなければ、遺産分割の内容について特に問題になることはありません。その一方で、借入金がある場合は注意が必要です。特に事業資金については、事業の継承者が債務を引き継ぐのが合理的でしょう。事前に金融機関と相談するのが賢明です。

また、金融機関では実印の押印と印鑑証明が重要視されます。なぜなら、遺産分割協議書に署名押印した人全員を一堂に集めて意思確認を行うことは困難だからです。

その書類が本人の真意に基づいて作成されたものかどうかが民事訴訟で争いになった場合に、民事訴訟法上、実印による押印があった場合は本人の意思に基づいていると認められるという背景があります。

遺産分割協議書に最も神経質になっているのは金融機関です。誤った遺産分割を行えば、他の相続人に不利になってしまうからです。そこで、金融機関が遺産分割協議書のどの部分に注目しているのかを紹介します。

金融機関は遺産分割協議書のどこを見るのか

被相続人に関する記載

戸籍全部事項証明書、戸籍謄本、除籍謄本で、法定相続人が誰かを確定する作業を行います。

遺産分割協議に参加する必要がある者に関する記載

相続人全員が原則ですが、相続放

棄をした相続人がいないか、相続欠格者や廃除者はいないかを確認します。

遺産分割協議の内容

法定相続分や遺言の内容とは異なる遺産分割協議書が提出されたとしても、遺産分割協議書の内容に沿って手続きがなされます。

相続人の署名、押印欄

未成年者本人が遺産分割協議書に署名、押印していないかを確認するために重要な意味を持ちます。遺産分割協議に参加すべき者が全員参加しているか、未成年者など本人に代わって代理人が参加しなければならない者がいないか、各参加者の住所が印鑑証明書上の住所になっているか、各参加者の押印が実印かを確認します。

なお、遺産分割協議書は前述のとおり、相続人が専門家に頼らずに書くことが可能です。図表27に、遺産分割協議書の記載例と、書くときのポイントをまとめておきますので参考にしてください。

遺産分割協議のやり直しや遺産分割協議書の訂正はできるのか

遺産分割協議のやり直しは、法的には有効ですが、課税上は相続税申告の際の分割内容で確定します。このため、その後に遺産分割協議のやり直しによって、相続人間の財産が移転した場合は、贈与税の課税が生じます。

以下、遺産分割協議書の訂正について、問題になりそうなことに触れておきます。

事例　遺産分割協議書の一部が訂正されている場合、遺産分割協議が有効に成立したといえるのか。

遺産分割協議書は、遺産分割協議における当事者間の合意を書面化したものですから、訂正内容が当事者の意思を反映したものであれば、遺産分割協議は訂正後の内容に従って有効に成立したものと考えられます。

なお、訂正のなされた遺産分割協議書を金融機関などに提示する際には、訂正の内容が遺産分割協議に参加した相続人全員の意思を反映するものであることを確認するため、当該訂正箇所につき相続人全員の訂正印の押印を求められるのが一般的です。

図表 27　自分でも書ける！ 遺産分割協議書

遺産分割協議書

最後の本籍　　　　東京都○○区○○○番○号
最後の住所　　　　東京都○○区○○○番○号

被相続人○○○○（令和○年○月○日死亡）の遺産については、同人の相続人全員において、分割協議を行った結果、各相続人がそれぞれ次の通り、遺産を分割し、債務・葬式費用を負担することに決定した。

1．相続人○○○○は次の遺産を取得する。
（1）土地
所在　　東京都○○区○○○番
地番　　○○番○
地目　　宅地
地積　　○○○．○○㎡

（2）建物
所在　　東京都○○区○○○番
家屋番号　○○番○
種類　　木造
構造　　瓦葺2階建
床面積　1階　○○．○○㎡　　2階　○○．○○㎡

2．相続人○○○○は次の遺産を取得する。
（1）預貯金
①○○銀行○支店　　普通預金　口座番号0000000
②○○銀行○支店　　定期預金　口座番号0000000

上記の通り相続人全員による遺産分割の協議が成立したので、これを証するために本書を作成し、以下に各自署名押印する。なお、本協議書に記載なき遺産・債務並びに後日判明した遺産・債務は、相続人全員で別途協議して決めるものとする。

令和○年○月○日

住所　東京都○○区○○○番○号
氏名　○○○○　実印

住所　東京都○○区○○○番○号
氏名　○○○○　実印

ポイント①
遺産分割協議書は、相続人の自署でなくても、ワープロソフトの印字や代筆でも可能です。

ポイント②
「最後の本籍」は除籍謄本に、「最後の住所」は住民票の除票に記載があります。

ポイント③
不動産については、登記簿謄本を参考にして正確に記載しましょう。

ポイント④
その他、預貯金などについては、その財産や金額が特定できるように記載しましょう。

ポイント⑤
後々のトラブルを避けるため、各相続人は自署で署名を行い、実印で押印をしましょう。

被相続人から生前に受けた資金援助は相続の際にどう扱われるのか

事例　生前に親から資金援助を受けていた場合、相続にどのような影響があるのか。

遺産分割においては、相続人全員が納得のもと遺産分割協議書を作成し、それに基づいて遺産を分けることになっています。しかし、すべての相続人が公平だと感じる遺産分割を実現するのはとても難しいことです。

相続人のなかには、被相続人の生前に援助を受けていた人もいるでしょう。その援助の内容も、人によってさまざまでしょう。そのようなことを無視し、法定相続分で一律に遺産分割を行えば、不満を持つ相続人が出てくるのは当然のことです。

そのため、民法には特別受益者の相続分と呼ばれる以下のような規定があります。

民法第903条　共同相続人中に、被相続人から、遺贈を受け、又は婚姻若しくは養子縁組のため若しくは生計の資本として贈与を受けた者があるときは、被相続人が相続開始の時において有した財産の価額にその贈与の価額を加えたものを相続財産とみなし、第900条から第902条までの規定により算定した相続分の中からその遺贈又は贈与の価額を控除した残額をもってその者の相続分とする。

2　遺贈又は贈与の価額が、相続分の価額に等しく、又はこれを超えるときは、受遺者又は受贈者は、その相続分を受けることができない。

3　被相続人が前二項の規定と異なった意思を表示したときは、その意思に従う。

4　婚姻期間が二十年以上の夫婦の一方である被相続人が、他の一方に対し、その居住の用に供する建物又はその敷地について遺贈又は贈与をしたときは、当該被相続人は、その遺贈又は贈与について第一項の規定を適用しない旨の意思を表示したものと推定する。

被相続人から生前に資金援助や結婚資金の贈与などを受けた相続人がいる場合、そのような相続人を特別受益者と呼びます。どのような贈与が特別受益になるのかは、贈与の価額、被相続人の資産、相続人の生活実態などから判断されます。

相続が発生すると、特別受益は特別受益者個人のものではなく、相続人全員の相続財産の一部と見なされます。各相続人の相続分は、相続財産に特別受益の価額を含めたうえで算定します。

このため特別受益者は、自分の相続分が特別受益の価額を上回らないと、相続の際に新たな財産を取得できません。

生前に多額の現金をもらっていたら

特別受益者の相続分の具体例として、以下のケースを考えてみてください。

被相続人が相続開始時に1,000万円相当の財産を持っていたとします。

相続人A、BおよびCのうち、Aのみが生前に200万円の贈与を受けていると、Aが得た現金は特別受益とみなされ、各相続人の相続分を算定する際の基礎となる相続財産に含めて考えられます。

この場合、相続財産は1,200万円とみなされ、各人の相続分は3分の1である400万円ずつとなります。このうち、Aは既に特別受益として200万円を取得しているため、Aが自分の相続分として新たに取得できる財産額は200万円になります。これに対し、BおよびCは、それぞれ400万円ずつを取得することになります。

完全な平等は難しい……

何が特別受益になるのかでもめやすい親の援助としては、結婚資金、学費、親との同居（家賃）、家の購入費、留学支援などが挙げられます。こうした援助も含めて完全に平等な相続を実現するのは簡単ではありません。相続の専門家による仲介や、相続人間の丁寧な話し合いが重要になります。

持戻し免除の意思表示の推定規定

これまで述べたような特別受益に関するトラブルを軽減するため、民法改正の際に、第903条4項として**持戻し免除の意思表示の推定規定**が新設されました。

これは、被相続人が、配偶者の特別受益分について、遺産への持戻し免除の意思を明示的に表示していない場合

にも、持戻し免除の意思表示があったと推定する規定です。

その条件として、①婚姻期間が20年以上にわたる夫婦間において、②被相続人が配偶者に居住用の建物またはその敷地について遺贈または贈与（死因贈与含む）をしたとき、となります。遺贈による配偶者居住権の設定も同様に扱われます。

この規定が適用されることで、配偶者は特別受益分を遺産に持ち戻す必要がなくなり、配偶者は多くの遺産を取得できることになります。

なお、遺産分割審判手続きなどにおいて、他の相続人により、被相続人の持戻しの意思表示があったことが明らかとされた場合、この規定は適用されません。

親の面倒をみることは相続で考慮してもらえるのか

相続は金銭勘定だけの問題ではなく、感情の問題でもあります。被相続人の生前に、その財産の維持または増加に特別の貢献をした人には寄与分が認められています。

相続人の寄与分は、法定相続人間の合意または家庭裁判所の調停や審判で決まります。また、特別寄与制度により、法定相続人以外の親族が寄与料を請求できることもあります。こんな例を想像してみてください。

事例　大病を患った父が5年間の闘病の末亡くなった。長男は既に家を出ていて、実家で両親と暮らしていたのは次男夫婦だった。次男の妻は義父によく尽くした。義父の病状が悪くなってからは、仕事を辞めて介護に専念した。次男も家に手すりを付けてバリアフリーにしたり、病院までのタクシー代を支払ったりするなど、金銭的にも多大な負担をしてきた。

そのような事情があるにもかかわらず、実家を出て東京に住んでいた長男夫婦が現れ、「お父さんの遺産は法定相続分通りに分割しよう」と言い出したら、次男夫婦にしてみればたまったものではありません。

そこで民法では、亡くなった人の事業を手伝うほか、病気の看護をするなど、亡くなった人の財産を増やしたり、維持したりすることに特別な貢献をした相続人には、貢献度合いに応じて多めに財産をもらうことが認められてい

図表 28　被相続人の介護をしていた法定相続人以外の親族も特別寄与の請求ができる

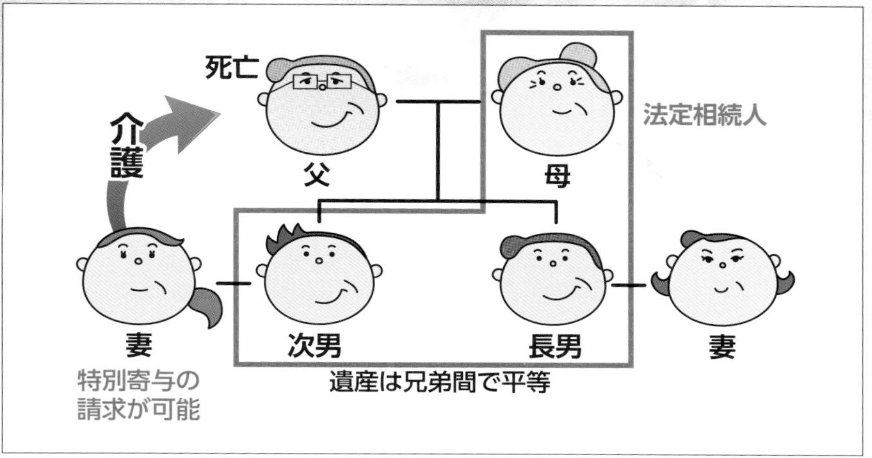

ます。それが寄与分です。

寄与分が認められれば、その人はまず相続財産からその寄与分を確保でき、残りを相続人が分けるという手順で遺産が分割されることになります。

さらに事例のように、子の配偶者（嫁や婿）など、法定相続人以外の親族が献身的に親の介護をしていたケースでは、特別寄与制度によって寄与料を請求できる場合があります（図表28）。

相続人の寄与分の求め方

寄与分の存在や金額は、相続人間の遺産分割協議によって決められますが、相続人間で話し合いがつかない場合は、特別の寄与をした人が家庭裁判所に審判を求めることができます。

家庭裁判所は、寄与の時期、方法、程度、遺産の額などを考慮して、寄与分を決めます。

なお、寄与分の金額については、相続開始時の財産の価額から、遺言により遺贈された価額を差し引いた額を超えることはできません。

寄与分が認められるケース

①自分の「私財」を提供して被相続人の面倒をみていた。
②無報酬で、被相続人の事業に従事していた。
③相続財産の維持・増加に寄与した。

なお、寄与分が認められるためには、通常の家族間の相互扶助の域を超えた特別な貢献でなければなりません。単に一緒に生活していただけでは認められません。

相続人以外の者の貢献

前述のように、民法改正により、特別寄与料の支払請求権が新設されました。

これは、相続人以外の親族による、被相続人の介護や療養看護などの貢献があった場合、相続人に対して、金銭の支払い請求ができる制度です。

その条件として、①療養看護、介護や労務の提供が無償であること、②被相続人の財産が維持または増加したこと、が必要となります。

特別寄与料の金額は、基本的に寄与者と相続人間での協議となりますが、協議が調わないときは家庭裁判所にて協議に代わる処分手続きが可能です。

ただし、相続開始（被相続人が亡くなったとき）と、相続人が誰かを知ったときから6カ月、または相続開始から1年を経過すると家庭裁判所での処分手続きができなくなるため、注意が必要です。

寄与分のトラブル回避に役立つ遺贈

寄与分に関わるトラブルを避けるには、どうすればよいのでしょうか。

こうした場合、遺言書に記載することで、介護に尽くした人に特別に財産を残すことができます。これを遺贈といいます。

遺言は、寄与分に関わるトラブルを防ぐ有効な手法のひとつです。

具体的相続分による遺産分割の時間的限界

相続開始から遺産分割がされないまま長期間放置されると、相続が繰り返されて多数の相続人による遺産共有状態となり、遺産の管理や処分が困難になります。

このため、令和5年4月1日以後に開始する相続について、相続開始から10年を経過した後に行う遺産分割は、特別受益や寄与分を考慮した具体的相続分ではなく、法定相続分（または遺言によって定められた相続分）に基づいて行うことになりました。

なお、令和5年4月1日より10年以上前に相続が開始した場合や、相続開始時から10年が経過する時が施行時から5年以内に来る遺産分割にも、上記と同様のルールが適用されます。ただし経過措置により、少なくとも施行時から5年の猶予期間が設けられています。

第5章
相続トラブルを避ける方法

本章では、相続の際に起きる典型的な問題と、それを解決する方法を紹介します。相続のトラブルは親族間に深刻な亀裂をもたらしますが、あらかじめ対策を講じておけば避けることができます。本章をよく読んで、円満な相続を目指してください。

事例① 面倒をみてくれた長女と金遣いの荒い次女

中川さんの悩み

中川一郎さん（73歳）には2人の子供がいますが、2人とも社会人になり、それぞれ実家を離れて暮らしていました。

しかし、昨年から中川さんが体調を崩したこともあり、長女夫婦と同居を始めました。これからも長女には世話になることが予想されるので、中川さんは自分の財産を長女にできるだけ多く相続させてあげたいと考えています。

一方、中川さんの次女は昔から金遣いが荒く、定職に就かず、金銭の要求をしてくることもあります。そのことも、中川さんが次女ではなく長女に財産を相続させたいと考えている理由です。

遺言を書いて争族を防ぐ

中川さんは、次女の遺留分[1]に配慮しながら、長女にできるだけ多くの財

1　遺留分とは、法律上認められた相続人の最低限の権利のこと。遺留分を得る権利は遺言でも侵害できません。詳しくは171ページの「基礎知識：遺留分とは」を参照。

図表 29　遺言には財産の分け方だけでなく、家族への思いも書いておく

付言事項の例

私はすばらしい家族に恵まれて、後悔のない人生を過ごすことができました。本当にありがとう。

長女の○○には、私が体調を崩してから同居をしてもらい、面倒をみてくれて、感謝の気持ちでいっぱいです。次女の●●も分かっているとは思いますが、献身的に私の介護をしてくれた長女に、自宅とその他の財産を多めに渡してあげたいと考え、筆を執りました。

私が死んだあとも、姉妹仲よく幸せな家庭を築いていってください。

産を遺（のこ）してあげる内容の遺言を作成しました。また遺言の最後に、家族が相続後も仲良くしてくれるように、付言事項として、自分の思いを綴りました（図表29）。

遺言がある場合とない場合

遺言がない場合、相続が起きると民法で定められた法定相続分を基準に、相続人全員で話し合い（遺産分割協議）を行い、遺産の相続方法を決めます。逆に有効な遺言がある場合は、相続人全員の同意がないかぎり、遺言どおり相続します。民法は財産を遺す側の意思を尊重し、遺言を最優先させています（図表30）。

自筆証書遺言と公正証書遺言

遺言には大きく分けて、自筆証書遺言と公正証書遺言の2つがあります。自筆証書遺言は、財産を遺したい人が自分で簡単に作成できる反面、形式に不備があると無効になってしまったり、きちんと保管されず、死後に見つからなかったりするリスクがあります。

一方の公正証書遺言は、公証役場で公証人に作成してもらう遺言です。作成に費用がかかりますが、法的に確実に有効な遺言が作成できますし、公証役場に保管されるので安全です。こうしたことから、相続の専門家は公正証書遺言の作成を勧めています。

図表 30　遺言の有無と相続の流れ

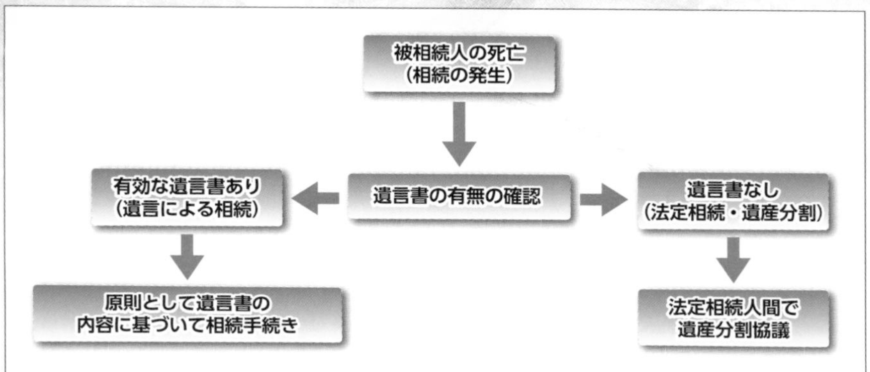

図表 31　自筆証書遺言と公正証書遺言

	自筆証書遺言	公正証書遺言
作成方法	・本人が全部自書で作成が基本だが、相続財産の目録を添付するときは、その目録については自書不要（目録各ページに署名・押印は必要） ・日付、氏名、押印（認印も可）が必要	・本人の希望をもとに、公証人が作成し、最終的に本人、証人、公証人が署名・押印する
作成場所	・どこでも可能	・公証役場（公証人に出張を依頼し、自宅や病院で作ってもらうことも可能）
保管場所	・本人が自宅の金庫などに保管 ・法務局でも保管が可能 ・弁護士などの士業や、信頼できる人に保管を依頼してもよい	・原本を公証役場で保管 ・正本を本人が保管
メリット	・作成費用がかからない ・手軽に作成できる	・改ざんや紛失の恐れがない ・法的に有効な遺言を残せる ・家庭裁判所の検認が不要 ・遺言の存在を明確にできる
デメリット	・改ざん、紛失の恐れがある ・形式に不備があると法的に無効になってしまう可能性がある ・相続開始後に家庭裁判所で検認が必要（法務局保管時は不要） ・死後、発見されない可能性がある	・作成に費用がかかる ・手続きが自筆証書遺言と比べると煩雑

図表 32　自筆証書遺言作成の注意点

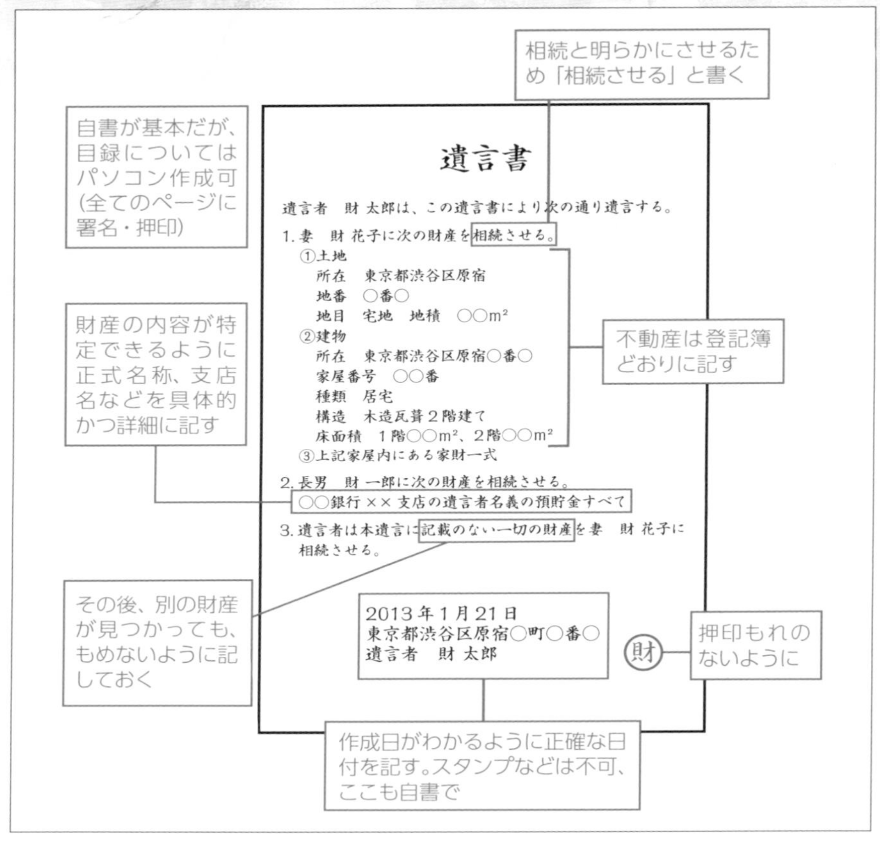
遺言書

遺言者　財 太郎は、この遺言書により次の通り遺言する。

1. 妻　財 花子に次の財産を相続させる。

①土地
所在　東京都渋谷区原宿
地番　○番○
地目　宅地　地積　○○m²

②建物
所在　東京都渋谷区原宿○番○
家屋番号　○○番
種類　居宅
構造　木造瓦葺２階建て
床面積　１階○○m²、２階○○m²

③上記家屋内にある家財一式

2. 長男　財 一郎に次の財産を相続させる。
○○銀行××支店の遺言者名義の預貯金すべて

3. 遺言者は本遺言に記載のない一切の財産を妻　財 花子に相続させる。

2013年1月21日
東京都渋谷区原宿○町○番○
遺言者　財 太郎

165 ページの図表31に、自筆証書遺言と公正証書遺言の相違点をまとめておきますので参考にしてください。

公正証書遺言の作成のために公証役場に払う費用は、遺言に書く遺産の価額が500万1円～1,000万円なら1万7,000円、5,000万1円～1億円なら4万3,000円、10億1円以上であれば24万9,000円です（以降、5,000万円増えるごとに8,000円ずつ加算）。

基礎知識：自筆証書遺言作成の注意点

自筆証書遺言は、費用もかからず手軽に作れますが、きちんと法定要件を備えていないと、後で無効になってしまうため注意が必要です。図表32に、自筆証書遺言を作成するにあたり、注意すべき点をまとめておきます。

遺言書を書いたほうがよい人

遺言は円満な相続を実現させる有効な手法ですが、なかでも以下のような場合は、特に効果を発揮します。

①子がいない夫婦
②特定の相続人により多くの財産を相続させたい
③家業を継いでいる子に事業を全て任せたい
④相続財産に不動産がある
⑤お嫁さんやお孫さんなど、相続人以外に財産を分けてあげたい
⑥離婚経験があり、前妻や後妻に子がいる
⑦事実婚（内縁）である
⑧法定相続人がいない
⑨財産の一部を寄付したい
⑩葬儀や埋葬の方法に希望がある
⑪ペットの世話を引き継いでもらいたい

事例② めぼしい財産が自宅しかない

健一さんの悩み

安藤健一さん（長男・52歳）は、3カ月前に母親が亡くなり、兄弟3人で相続手続きの最中です。

父親は既に亡くなっており、母親が遺してくれた財産は自宅の土地建物と、わずかな預貯金でした。長男である健一さんは母親の世話や介護を長年にわたってしてきましたので、自宅は問題

図表 33　現物分割

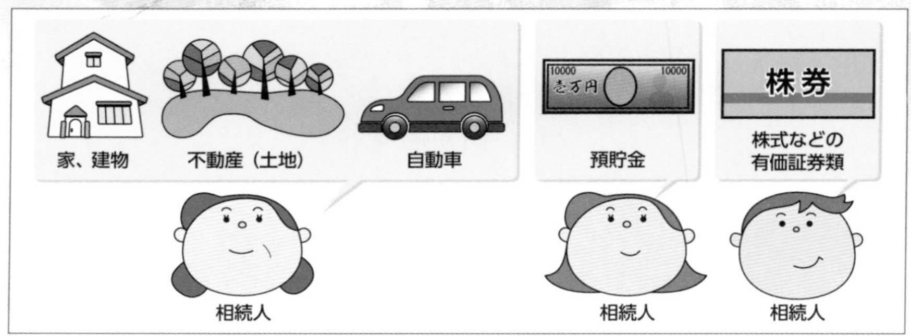

なく弟たちが譲ってくれるものと考えていました。

しかし、実家にはろくに顔を出さず、ギャンブルで借金を作り、親に迷惑をかけていた次男がいました。次男は母親の相続後、突然実家に現れ、自分の法定相続分を主張してきました。

自宅は母親と同居していた健一さんが住んでおり、今後も自分の子供たちに相続させ、引き継いでいきたいと考えています。しかし次男は、売却ができないならそのぶんを金銭で渡せと激しく要求しています。

財産の分け方を工夫して争族を防ぐ

そんな健一さんのために、母親は健一さんを受取人とする生命保険に加入していました。健一さんと同居を始めたころから、将来の相続のためにと少しずつ生命保険料を支払ってくれていたのです。この生命保険のおかげで、健一さんは自宅を相続する代償として、生命保険金を他の相続人へ分配することができ、もめずにすんだのです。

基礎知識：遺産分割の方法

遺産分割の方法は、現物分割、代償分割、換価分割の3つに大別されます。

①現物分割

最も多く行われているスタンダードな方法です。遺産を換金したりせず各相続人がそのままの形で分け合います（図表33）。

②代償分割

相続財産の大半が不動産で、現物をそのまま分割することが難しい場合などに、不動産などの財産を受け取った相続人が、その代わりに金銭を他の相続人に支払う方法です（図表34）。

図表 34　代償分割

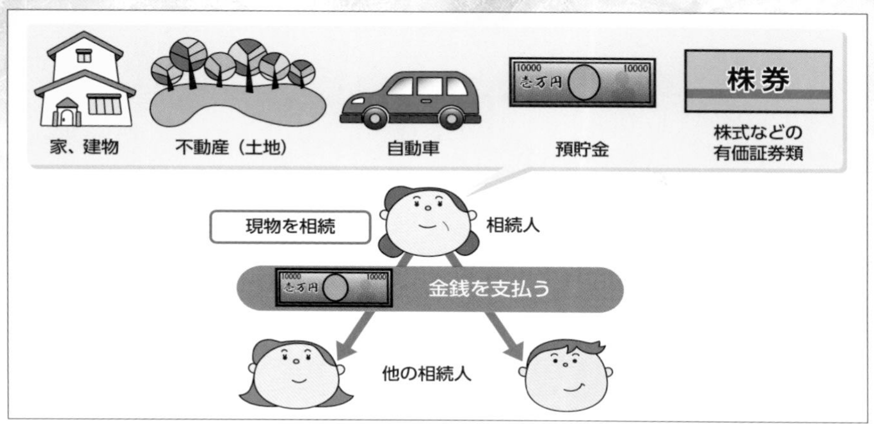

図表 35　換価分割

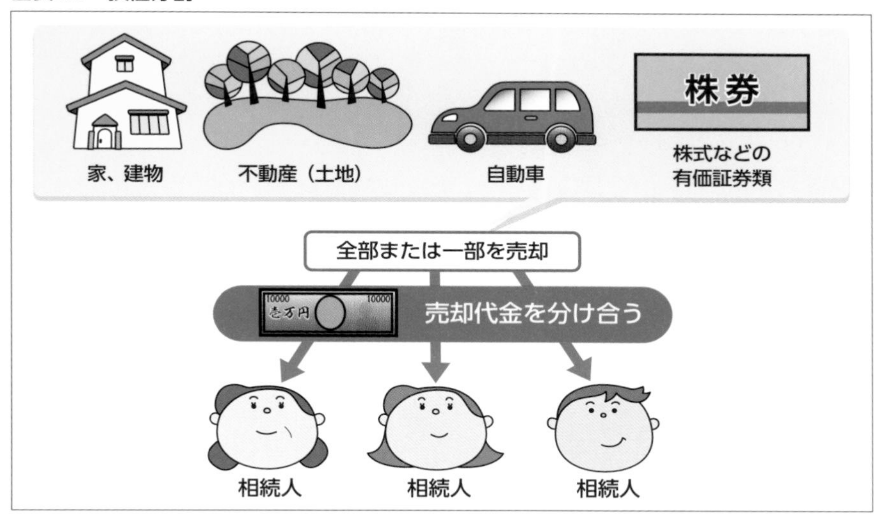

③換価分割

相続する不動産が空き家で使用する予定がない場合などに、財産を売却し、換金してから分割する方法です（図表35）。

換価分割は、財産の大半が不動産の方や、不動産を共有にしたくない方に向いています。

事例③　1円でも多くの財産を世話になった長女に相続させたい

鈴木さんの悩み

鈴木裕一さん（68歳）には2人の子供がおり、妻はすでに他界しています。長男は事業に失敗して大きな借金を作り、鈴木さんにたびたびその工面を求めてきました。一方、近所に住む長女は、長年にわたって親孝行を続けてきました。

鈴木さんとしては、できるだけ多くの財産を長女へ相続させたいと考えています。しかし、遺言を作成しても、遺留分によって長男には1/4の財産を主張する権利が依然として残ってしまいます。

できるだけ多くの財産を長女に残してあげたい鈴木さんに、何かよい方法はないのでしょうか。

生命保険の特性を生かした相続

鈴木さんは全財産3,000万円のうち、2,000万円を使って長女を受取人とする生命保険に加入しました。さらに全財産のうち、長男の遺留分に配慮して、1/4を長男に、3/4を長女に残す内容の遺言を作成しました。

生命保険金は受取人固有の財産となり、遺留分計算の対象とはなりません。そのため、生命保険金を除外した1,000万円の1/4に相当する250万円が、長男の相続分となります。

生命保険に加入していなければ、3,000万円×1/4=750万円が遺留分となっていたため、対策実施により長女に500万円も多く財産を相続させることができます[2]（図表36）。

また、死亡保険金の受取人である長女は、法定相続人1人あたり500万円の死亡保険金の非課税枠を適用することができます。事例の場合、法定相続人は長女と長男の2人なので、非課税枠は合計1,000万円となります[3]。で

2　鈴木さんの事例は、生命保険の活用法を分かりやすく説明するために、生命保険金の額を大きく設定しています。遺産に占める生命保険金の割合があまりにも大きいと、「過度な行為（著しく不公平）」となり、生命保険金が遺留分計算の対象になってしまうことがあります。過度な行為かどうかを巡り、裁判所の審判手続きになった場合は、被相続人や各相続人の関係（同居や介護の有無など）、経済状況などから総合的に判断されます。

3　500万円×２人＝1,000万円。なお、死亡保険金の非課税枠の計算には、死亡保険金を受け取らない法定相続人の数も含めることができます。

図表 36　生命保険を活用した相続

○生命保険に加入せず、遺言で長女に財産をすべて相続させる場合

	長男	長女
遺言	なし	2,250万円
遺留分	750万円	なし
合計	750万円	2,250万円

○ 2,000 万円の生命保険に加入し、遺言で長女に残りの財産をすべて相続させた場合

	長男	長女
遺言	なし	750万円
遺留分	250万円	なし
生命保険	なし	2,000万円
合計	250万円	2,750万円

すから、長女が受け取った死亡保険金2,000万円については、非課税限度額1,000万円を超える1,000万円が相続税の課税対象となります。

基礎知識：遺留分とは

遺留分とは、法律上認められた相続人の最低限の権利をいいます。

例えば、亡くなった父親が全ての財産を寄付するという内容の遺言を残していたとします。この内容が実現されてしまうと、残された家族が生活できなくなるなどの不都合が生じます。そのため民法は、遺言でも侵害することができない最低限の権利である遺留分を定めているのです。

遺留分は、誰が法定相続人になるかで変わります。172ページの図表37に、相続人ごとの遺留分についてまとめました。

図表37　相続人ごとの遺留分

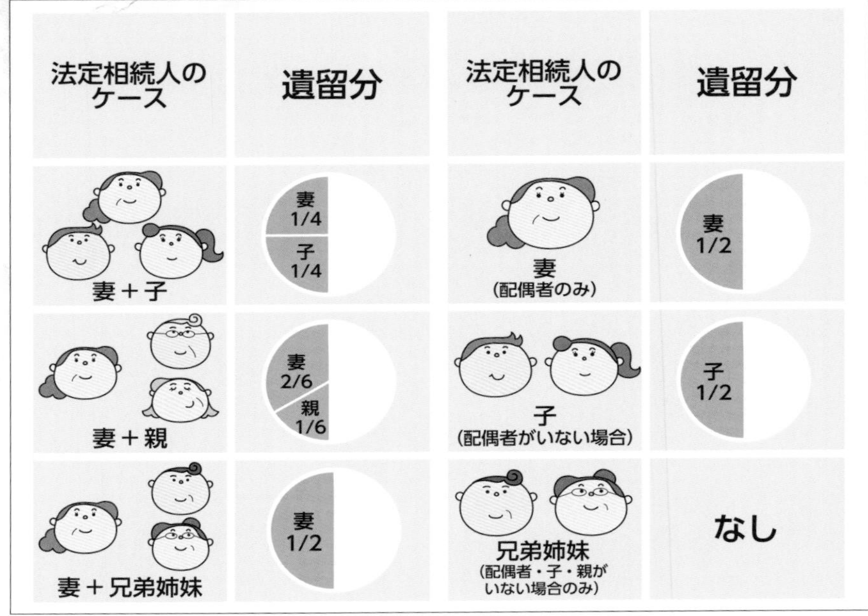

なお、2019年7月1日以降に発生した相続に関する遺留分は、金銭請求権となっています。

生命保険金は遺留分の計算外

生命保険金は受取人固有の財産となり、遺留分計算の対象から除外されます。ただし、過度に行うと遺留分計算の対象になってしまうので注意が必要です。

例えば本書の例で、鈴木さんが全財産の3,000万円で長女が受取人の生命保険に加入すると、長男の遺留分がゼロ円になってしまいます。ここまでくると、生命保険金も遺留分の計算対象になってしまいます[4]。

とはいえ、生命保険は特定の人により多くの財産を相続させたい場合に有効ですので、ぜひ活用してみてください。

4　生命保険金の額がどれくらいになると過度になるのか、一概には言えませんが、遺産に占める生命保険金の割合が50％を超えるような場合は、特別受益と判断されることがあり、注意が必要です。

第3部

事業承継対策の重要性

事業承継は一朝一夕には実現せず、長期的な視点に基づく対策が重要になってきます。ここでは、事業承継対策を行ううえで役に立つ基礎的な知識について解説します。

執筆：株式会社YUIアドバイザーズ、税理士法人ゆいアドバイザーズ

第1章
なぜ事業承継対策が大切なのか

1.事業承継の重要性

中小企業はわが国の企業数の99.7%（うち中規模企業は14.8%）、従業員数の68.8%（同46.5%）、付加価値額の52.9%（同38.9%）を占めており、地域経済を支える存在として、また雇用の受け皿として重要な役割を担っています（「中小企業白書（2023年版）」、中小企業庁）。

しかし、中小企業経営者の高齢化が進み、1990年代前半に平均4.7%であった経営者交代率は長期にわたって低下し、最近5年間の平均では3.8%となっています。全国の経営者の平均年齢も1990年の54.0歳から一貫して上昇を続け、2020年には初めて60歳を超えました（図表38）。

経営者交代率が長期にわたり下落して、経営者の平均年齢が高齢化しているということは、多くの企業において経営者の世代交代が起こっていないということです。

2000年に経営者年齢のピーク（最多層）が「50 ～ 54歳」であったのに対して、2015年には経営者年齢のピークは「65 ～ 69歳」となっています。

2022年には、経営者年齢が多い層は「60 ～ 64歳」「65 ～ 69歳」「70 ～ 74歳」に分散しており、これまでピークを形成していた団塊世代の経営者が、事業承継や廃業などにより、経営から退いていると思われます。一方で、75歳以上の経営者の割合は、2022年は過去最高であり、経営者年齢の上昇に伴い、事業承継を実施した企業と、実施していない企業に二極化している模様です（図表39）。

また、中小企業経営者の高齢化とともに、近時、休廃業・解散件数は約4万社を超える高水準で推移しています（図表40）。休廃業・解散企業の代表

図表 38　経営者の平均年齢と交代率

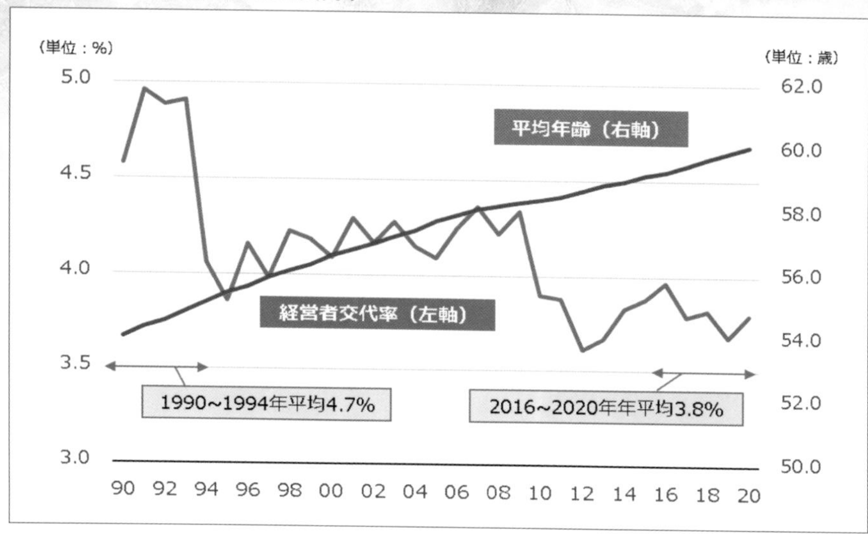

出典：「事業承継ガイドライン（第3版）」、中小企業庁。6p図表3から転載

図表 39　年代別に見た中小企業の経営者年齢の分布

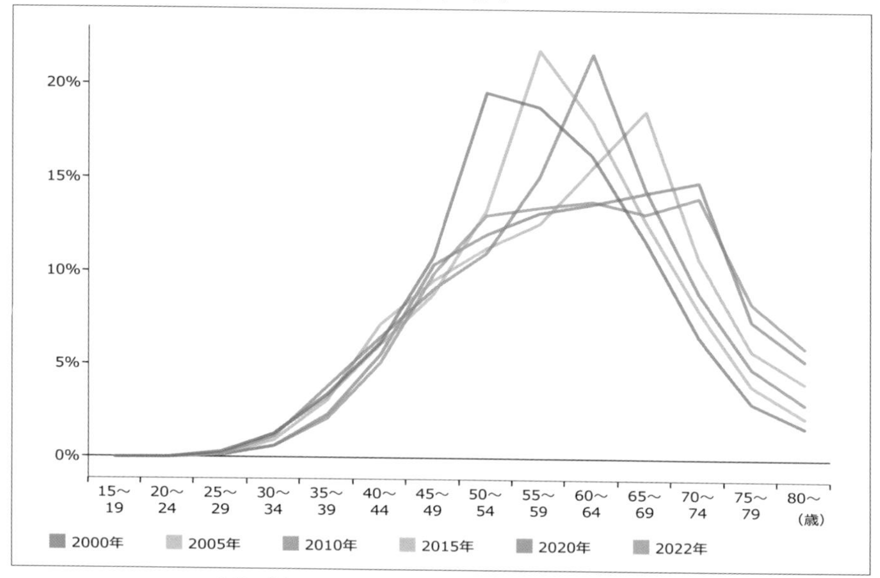

出典：「中小企業白書（2023年版）」、中小企業庁。Ⅱ-116p第2-2-2図から転載

図表 40　休廃業・解散件数と経営者平均年齢の推移

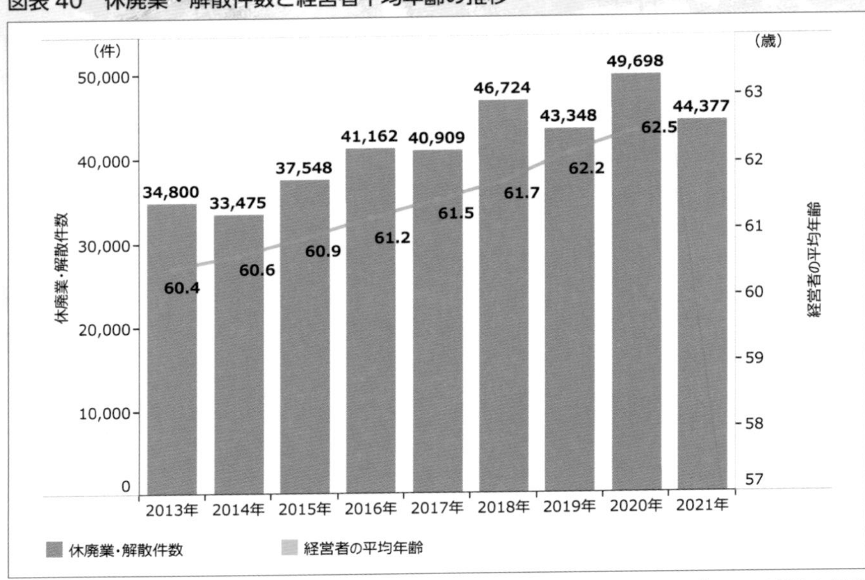

出典：「中小企業白書（2022年版）」、中小企業庁。Ⅰ-85p第1-1-79図から転載

者の年齢は70歳以上で増加傾向がみられます。

ちなみに、休廃業・解散企業の損益別構成比について見ると、2014年以降、一貫して過半数の休廃業・解散企業が黒字であったことが分かります（図表41）。

このような状況を踏まえると、わが国の経済を下支えする中小企業の活力を維持・向上させるため、円滑な事業承継に向けた取り組みは、中小企業経営者や支援機関、国・自治体等、すべての関係者にとって喫緊の課題であるといえます。

2. 事業承継の類型と構成要素

現経営者と先代経営者との関係を、事業を引き継いだ時期別でみると、2000年代から親族外承継（親族外役員・従業員、社外からの登用）が増加しており、2010年以降では約2割を占めるようになっています。しかし、減少傾向にあるとはいえ、親族内承継（子供、兄弟姉妹、娘婿等からの登用）

図表 41　休廃業・解散企業の損益別構成比

	2014	2015	2016	2017	2018	2019	2020	2021（年）
黒字割合	62.6%	63.7%	64.0%	61.9%	61.6%	61.4%	61.5%	56.5%
赤字割合	37.4%	36.3%	36.0%	38.1%	38.4%	38.6%	38.5%	43.5%

出典：「中小企業白書（2021年版および2022年版）」、中小企業庁。
2022年版のⅠ-87p第1-1-81図から転載し、株式会社実務経営サービスが一部を加工

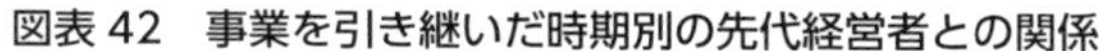

図表 42　事業を引き継いだ時期別の先代経営者との関係

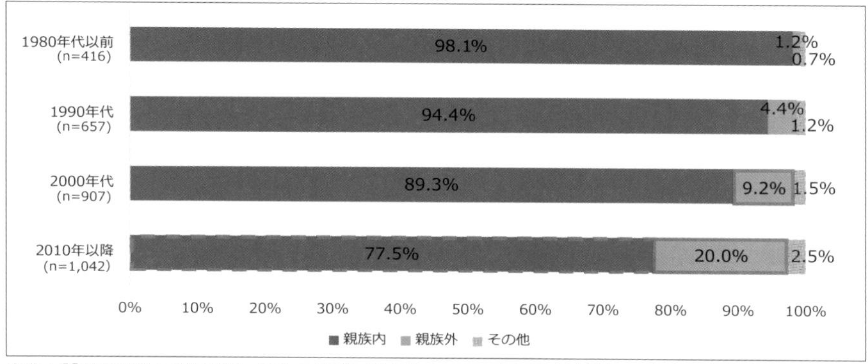

出典：「『事業承継と事業再編・統合の実態に関するアンケート』調査結果」、日本商工会議所、2021年3月。
スライド⑦から転載

は直近でも約8割であり、大部分を占めています（図表42）。

一方、2015年の中小企業庁の調査によれば、在任期間が5年未満の経営者の約65％以上が親族外承継で、親族内承継は約35％まで減少しているという結果が示されています（「中小企業白書（2021年版）」、中小企業庁）。親族内承継は、長期的には減少傾向にあると言えます。

図表 43　現経営者の就任経緯別、後継者への承継方法

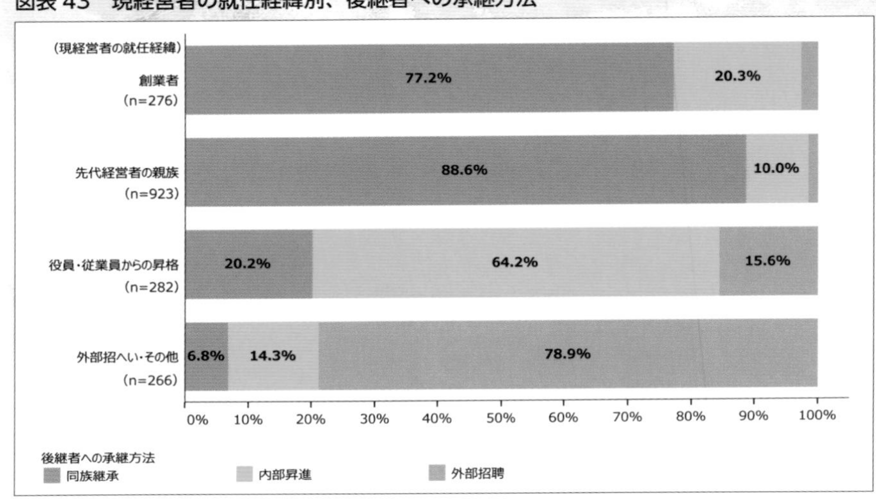

出典：「中小企業白書（2021年版）」、中小企業庁。Ⅱ-324p第2-3-28図から転載

なお、現経営者の就任経緯別の後継者への承継方法について見ると、創業者や親族から引き継いだ経営者は同族承継を予定する割合が高い一方、役員・従業員からの昇格や、外部招へいなどにより就任した経営者は、自身と同じように内部昇格や外部招へいなどの第三者への承継を予定する割合が高いといえます（図表43）。

上記で見られるように、事業承継の類型は、親族内承継と親族外承継に大別され、親族外承継は従業員承継とM&A（社外引継ぎ）に二分されると言われています。

⑴事業承継の類型

①親族内承継

心情的に社内、社外（取引先、金融機関等）の関係者から受け入れられやすく、長期的な視野に立った後継者教育が可能です。贈与や相続によって自社株式や事業用資産を後継者に移転することで、所有と経営の一体的承継が可能となります。自社株式の贈与や相続にあたっては、事業承継税制を適用することができます。

ただ、少子化、職業選択の広がり、中小企業経営への不安などのため、近年減少傾向にあります。

現経営者にとっては、後継者が安心

して事業を引き継げるように経営環境を作り出すことが求められ、そのためには、自らの引退時期を定め、十分な引継ぎ期間を設け、計画的な後継者育成に取り組む必要があります。

②従業員承継

社内の親族外役員や従業員に承継させる方法です。長期間社内で苦楽を共にしてきた従業員等であれば、後継者としての人材かどうかを見極めることが可能で、経営方針等の一貫性も保ちやすいと言えます。

ただ、従業員等の場合、自社株式や事業用資産を購入する資金力に乏しいため、種類株式、従業員持株会や持株会社等を活用する手法を検討する必要があります。事業承継税制は親族外でも適用することができます。

なお、事前に同族株主や社内のキーマンの同意・協力を取り付けておくことが重要です。

③M&A（社外引継ぎ）

株式譲渡や事業譲渡により、社外の第三者に引き継がせる手法です。後継者を社外に求めることで候補者を広げることができ、現経営者は自社株式や事業用資産の売却を通じて利益（資金）を得ることができます。

近年、中小企業の後継者難の影響を受け、中小企業専門の民間M&A支援機関が増えており、件数・金額ともに増加傾向にあります。国の「事業承継・引継ぎ支援センター」も全国に設置されています。

親族内承継
従業員承継
M&A

図表 44　事業承継の構成要素

人（経営）の承継	資産の承継
・経営権 ・後継者の選定 ・後継者教育　等	・株式 ・事業用資産（設備・不動産等） ・資金（運転資金・借入等）

知的資産の承継		
・経営理念 ・経営者の信用 ・知的財産権（特許等）	・従業員の技術や技能 ・取引先との人脈 ・許認可　等	・ノウハウ ・顧客情報

出典：「事業承継ガイドライン（第3版）」、中小企業庁。27p図表27をもとに実務経営サービスが作図

本業の強化、ガバナンスや内部統制の構築により、事前に企業価値を高めておく必要があります。できるだけ早期にM&A支援機関に相談し、企業価値の向上（磨き上げ）に着手することが必要です。

⑵事業承継の構成要素

事業承継は、狭義には「株式承継」と「代表者交代」と考えられますが、広義には「事業そのものの承継」であり、事業に関わる経営資源を承継することです。承継すべき経営資源は人（経営）、資産、知的資産の3要素に大別されます。

円滑な事業承継を実現するためには、これら3要素を適切に後継者に承継させる必要がありますが、株式承継はそのなかで最も重要な要素であることに変わりはありません（図表44）。

①人（経営）の承継

後継者への経営権の承継です。会社であれば代表取締役の交代、個人事業では現経営者の廃業と後継者の開業ということになります。後継者を選定し、経営能力を身につけさせ、知的資産を受け継がせるには一定の準備期間が必要なことから、後継候補者の選定はできるだけ早く開始すべきです。親族に

後継者がいない場合、親族外後継者がいないのかどうかを検討することになります。それもいない場合は、M&Aが重要な選択肢になっています。

②資産の承継

事業に必要な資産、すなわち設備、不動産等の事業用資産、債権債務等、会社であればこれらを包含する自社株式のことです。

これらの株式や事業用資産を贈与・相続で承継する場合、多額の贈与税・相続税が発生することがあり、税負担に配慮した承継方法を検討する必要があります。

また、これらの資産を後継者に譲渡しようとした場合は、後継者に資金力がないことが多く、このようなときは、おのずと外部売却（M&A）に向かわざるを得なくなります。

③知的資産の承継

人材、技術、技能、特許・ブランド等、組織力、経営理念、顧客とのネットワークなど、貸借対照表に表れない無形の資産のことです。

中小企業の場合、経営者と従業員、経営者と取引先との信頼関係が事業の運営に占める比重が高く、経営交代に伴い、その関係が喪失しないように時間をかけて取り組む必要があります。

知的資産こそが会社の「強み」「価値の源泉」であり、知的資産を次の世代に承継することができなければ、その企業は競争力を失い、将来的には事業の継続すら危ぶまれる事態に陥ります。事業承継に際しては、自社の強み・価値の源泉がどこにあるのかを現経営者が理解し、これを後継者に承継するための取り組みが重要です。

第2章
事業承継の進め方

円滑な事業承継のためには、早期に準備に着手し、支援機関の協力を得ながら、事業承継の実行、さらには自社の事業の10年後の将来像を見据えて、着実に行動を重ねていく必要があります。

事業承継は、おおむね図表45のようなステップを踏んで行われます。

1.事業承継に向けた事前準備

事業承継問題は、経営者の家族内の課題として捉えられがちです。後継者教育等の準備に要する期間を考慮すると、経営者がおおむね60歳に達した頃から事業承継の準備に取りかかることが望ましいと言えます。

2.経営課題の把握（見える化）

経営状況や経営課題、経営資源等を見える化し、現状を正確に把握することです。自社の強みと弱みを把握し、強みをいかに伸ばすか、弱みをいかに改善するかの方向性を見いだすことが必要です。

見える化には、「会社経営状況の見える化」と「事業承継課題の見える化」の両面から進めていく必要があります。

3.経営改善（磨き上げ）

特に親族内承継においては、相続税対策に重点が置かれすぎるあまり、事業とは無関係な資産の購入や、節税を目的とした持株会社の設立等により株価を意図的に低下させるなど、中小企業の事業継続・発展にそぐわない手法が用いられる場合があります。

しかし事業承継は、経営者交代を機に事業を発展させる絶好の機会です。経営者は次世代にバトンを渡すまで、事業の維持・発展に努め続けなければならないことを考慮すると、親族内に後継者がいる場合であっても、現経営者は経営改善に努め、よりよい状態で

図表 45　事業承継に向けたステップ

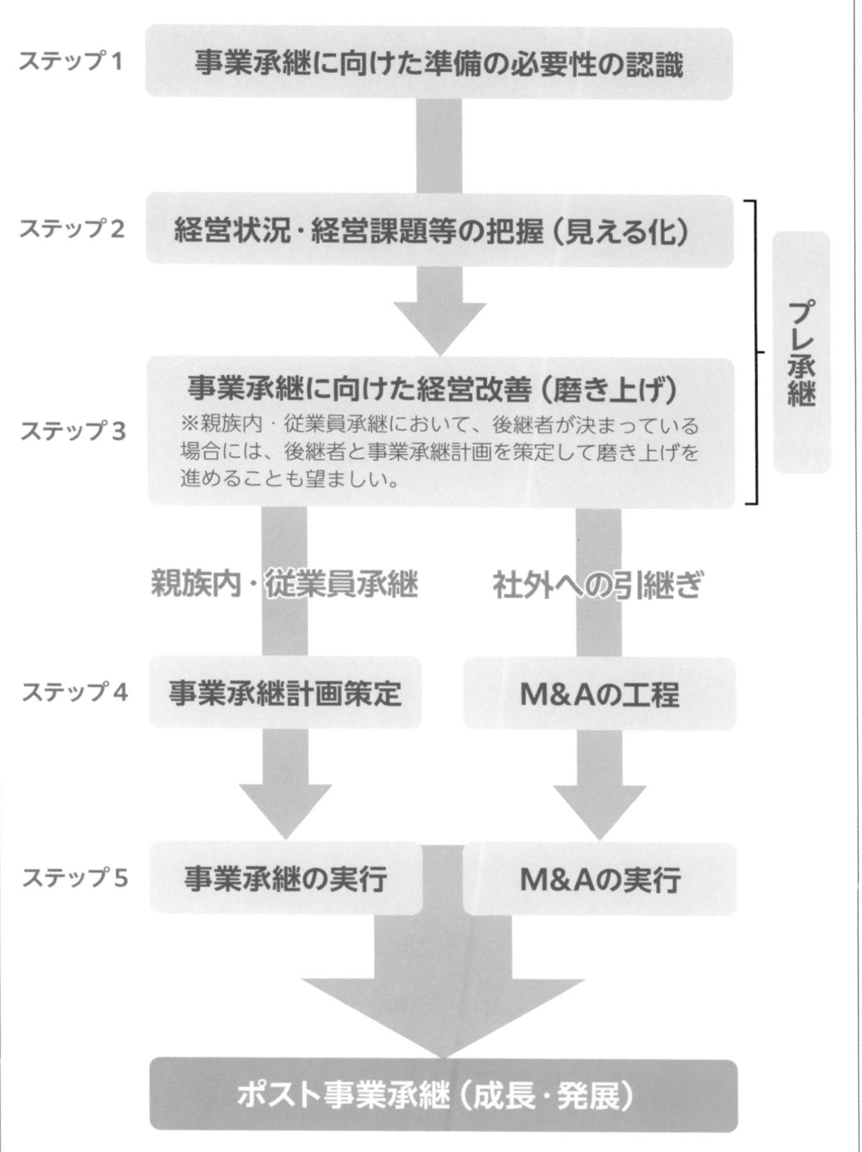

出典：「事業承継ガイドライン（第3版）」、中小企業庁。31pの図版をもとに実務経営サービスが作図

後継者に事業を引き継ぐ姿勢を持つことが必要です。

4-1.事業承継計画の策定（親族内承継・従業員承継の場合）

事業承継を進めるには、自社および自社を取り巻く環境を把握・整理したうえで、将来の会社のあるべき姿を想定し、誰に、いつ、何を、どのように承継するのか具体的な承継計画を立案しなければなりません。

事業承継計画は、経営者の家族・親族株主の了承のもと、従業員、取引先、金融機関等との関係を念頭に置いて策定し、共有することが望ましいと言えます。

4-2.M&Aの手順（第三者承継の場合）

M&Aを実施すべきかどうかについて、M&A支援機関と相談のうえ、意思決定を行います。

M&A支援機関は大別して仲介者（譲渡側・譲受側双方の代理を務める）と、FA（フィナンシャル・アドバイザー：譲渡側・譲受側の一方のみの代理を務める）があります。国の機関である「事業承継・引継ぎ支援センター」を活用したり、中小企業庁の「M&A支援機関登録制度」に登録済みのM&A会社から選定したりすることが考えられます。

M&Aの意思決定を行ったら、一般には、①M&A支援機関の決定、②バリュエーション（企業価値・事業価値の評価）、③譲受側（売却先）の選定（マッチング）、④交渉、⑤基本合意の締結、⑥デューデリジェンス（DD）の実施、⑦最終契約の締結、⑧クロージング、という手順で行います。

5.事業承継・M&Aの実施

上記の1～4を踏まえて、資産の移転や経営権の移譲を進めていきます。環境変化を踏まえ、士業等専門家（税理士、公認会計士、中小企業診断士、弁護士等）の力を借りて、事業承継計画を適宜修正・ブラッシュアップすることが必要です。

6.ポスト事業承継（PMI）

事業承継の実施後、後継者は新たな視点から従来事業を見直す必要があります。

既存事業を生かしつつ、自社のノウハウを持ち込んで、新分野に事業展開を図ることも必要でしょう。

第3章
事業承継に用いられる手法

事業承継の手法は、次のように分かれます。

⑴生前実現：売買、贈与
⑵生前準備：遺言、死因贈与、遺言代用信託
⑶死後実現：遺産分割

このうち、「⑴生前実現：売買」については譲渡所得税が、「⑴生前実現：贈与」については贈与税が課されます。「⑵生前準備」と「⑶死後実現」には相続税が課されます（図表46）。

図表 46　資産移転に係る税体系

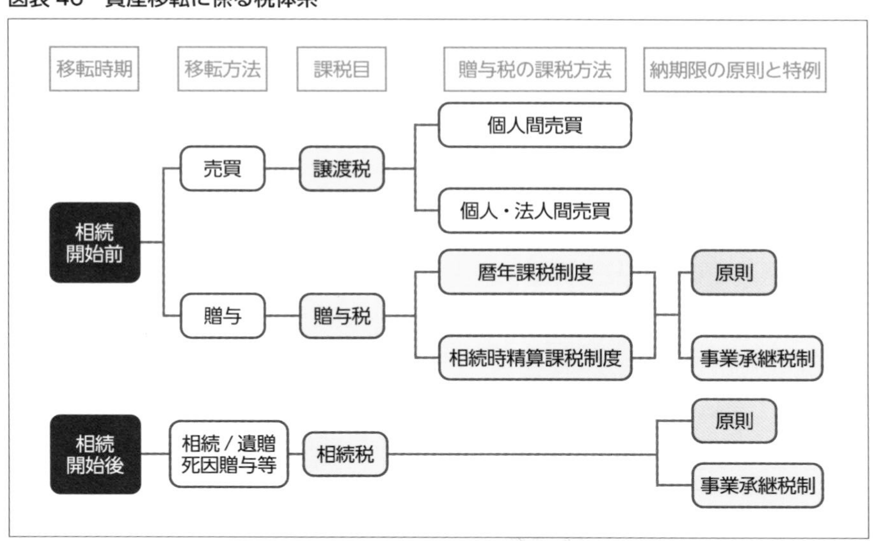

1.事業承継のための税制

⑴暦年課税制度と相続時精算課税制度

資産の承継にあたって、贈与時には贈与税が、相続時には相続税が課されます。

贈与税については、暦年課税制度と相続時精算課税制度の2つの制度を選択できますが、いったん後者を選択すると前者を選択できなくなります。

暦年課税制度と相続時精算課税制度については、2023年の改正により2024年から新ルールが適用されます。

ここでは、2024年から適用される両制度の概要を掲載しておきます（図表47）。

⑵事業承継税制（特例措置）

非上場株式等については、「中小企業における経営の承継の円滑化に関する法律」（以下、「経営承継円滑化法」）が2008年に創設されたことに伴い、非上場株式等についての贈与税・相続税の納税猶予・免除制度（以下、「事業承継税制」）が2009年に創設されました。また、2018年には2027年12月31日までの贈与・相続により取得した非上場株式等についての事業承継税制（特例措置）が創設され、前者（一般措置）より使い勝手がよくなりました。ここでは、事業承継税制（特例措置）について説明します。

事業承継税制は、後継者が贈与または相続により取得した中小企業者の非上場株式等に係る贈与税または相続税を猶予し、一定要件を満たすことにより免除する制度です。

本制度の適用を受けるためには、経営承継円滑化法に基づく都道府県知事の「認定」を受ける必要があります。その後、事業承継税制の適用を受ける旨の贈与税または相続税の申告をすることで、納税額が猶予されます。一定の事後要件を満たせなかった場合には、猶予中の贈与税または相続税に利子税を加えて納付しなければなりません。

おもに下記の場合には、猶予された贈与税または相続税が免除されます。

- 贈与者が死亡した場合（贈与税が免除：相続税の課税対象となりますが、相続税の事業承継税制を選択できます）
- 後継者が死亡した場合
- 後継者が次の後継者へ事業承継税制を適用して贈与した場合

図表 47　暦年課税制度と相続時精算課税制度

項目	暦年課税制度	相続時精算課税制度
概要	暦年（1月1日から12月31日までの1年間）ごとに、その年中に贈与された価額の合計額に対して贈与税を課税する制度	原則として60歳以上の父母または祖父母から、18歳以上※1の子または孫への贈与について選択できる贈与税の制度。贈与者の死亡時に相続税で精算する
贈与者	制限なし	贈与年の1月1日において60歳以上の父母または祖父母※1（贈与者ごとに選択可。住宅取得等資金については年齢制限なし）
受贈者		贈与年の1月1日において18歳以上の者のうち、贈与者の直系卑属である推定相続人または孫※1
選択の届出	不要	必要（一度選択すると、相続時まで継続適用。撤回不可）
控除	基礎控除額（毎年）：110万円	◦基礎控除額：年間110万円（受贈者ごと） ◦特別控除額：2,500万円（贈与者ごと。限度額まで複数年にわたり使用可）
税率	基礎控除額を超えた部分に対して、10~55%の累進税率	特別控除額を超えた部分に対して、一律20%の税率
適用手続き・申告	基礎控除額110万円を超える贈与があった場合には、贈与を受けた年の翌年3月15日までに、贈与税の申告書を提出し、納税	選択を開始した年の翌年3月15日までに、本制度を選択する旨の届出書および申告書を提出し、納税。翌年以降は、贈与額が基礎控除額（年間110万円）以下の場合は申告不要
相続時の精算	なし。ただし、相続開始前7年以内の贈与は贈与時の評価額で相続財産に加算される（3年超7年以内の贈与は、合計100万円まで加算しない）	あり。相続税の計算時に合算して精算し、贈与財産は贈与時の評価額※2で評価する。ただし、基礎控除部分（年間110万円まで）は相続財産に加算しない

※1 事業承継税制を選択する場合は制約なし
※2 土地・建物が災害により一定の被害を受けた場合には再計算をする

・会社が倒産した場合
・同族関係者以外の者に株式等を全部譲渡した場合（譲渡対価等を上回る税額を免除）

また、おもに図表48のような場合には、贈与税または相続税の猶予が打ち切られ、2カ月以内に猶予税額と利子税を納付しなければなりません。

図表 48　事業承継税制の打切り事由（主なもの）

No.	打切り原因となる理由（主なもの）	5年以内	5年経過後	切替確認時※
1	先代経営者が代表権を有することとなった場合（贈与の場合）	全額打切り	—	—
2	後継者が会社の代表でなくなった場合（身体障害者になった場合等を除く）	全額打切り	—	適用不可
3	後継者の同族で議決権の過半数を下回った場合	全額打切り	—	適用不可
4	後継者が議決権数で同族内の筆頭株主でなくなった場合	全額打切り	—	適用不可
5	特例対象である非上場会社の株式を譲渡・贈与した場合	全額打切り	譲渡した部分のみ打切り。減免制度あり	—
6	会社が資産管理会社に該当した場合（従業員が5人以上いればOK）	該当期間が6カ月超の場合は全額打切り	該当期間が6カ月超の場合は全額打切り	適用不可
7	会社が資本金の額または準備金の額を減少した場合（欠損填補の場合を除く）	全額打切り	全額打切り	—
8	会社が一定の合併、株式交換等、分割型分割または組織変更を行った場合	全額打切り	分割対応部分の打切り等	—
9	一定基準日の雇用平均が、承継時雇用者数の8割（端数切り上げ）を下回った場合	都道府県に報告書を提出	—	—

※ 切替確認時：贈与者死亡による贈与税の納税猶予制度から相続税の納税猶予制度への切替確認申請時

なお、贈与税の事業承継税制については、暦年課税制度と相続時精算課税制度を選択することができますが、打切り事由に該当した場合の納税負担、およびその納税額を相続時の相続税から持ち戻しできることから、相続時精算課税制度を選択するほうが有利です。

2.種類株式

2006年に会社法が施行され、9種類の種類株式が認められています。定款によってその種類ごとに異なる内容を定めることができ、これにより種類株式活用のメニューが拡大し、事業承継にも活用できるようになりました。

種類株式のうち事業承継で用いられるものは、おもに次の4つです。

①議決権制限種類株式：後継者には

図表 49 「株主ごとの異なる取り扱い」と「相続人等に対する売渡請求」

株主ごとの異なる取り扱い（属人的株式）	取締役である株主等、特定の株主についてのみ 1 株 1 議決権の原則の例外を定める（A 株主が所有している株式については 1 株 100 議決権とする）が、後見開始の審判を受けた場合は議決権を 1 株 1 議決権に戻すとするなど
相続人等に対する売渡請求	会社が、相続その他の一般承継により譲渡制限株式を取得した者に対して、その自社株式を会社に売り渡すことを請求できるもの

普通株式を取得させ、他の相続人には無議決権株式を承継させることで、遺留分侵害額請求や議決権分散のリスクを低下させます。

②配当優先種類株式：後継者以外の相続人や従業員持株会などに①の無議決権株式を取得させる代わりに、配当優先条項を加えることでバランスを取ります。

③取得条項付種類株式：株主の死亡や認知症等による判断能力の低下（医師の診断や後見開始決定）を取得事由に定めることで、株式の分散や会社の意思決定の滞りを防ぐことができます。

④拒否権付種類株式：後継者の暴走を防ぐために、普通株式を後継者に譲った経営者に、会社の重要事項については拒否権を持たせたり、株式を取得した後継者に会社の重要事項について拒否権を持たせたりします。

また、種類株式ではありませんが、「株主ごとの異なる取り扱い」や「相続人等に対する売渡請求」を導入することも有効です（図表49）。

3.信託

信託は、信託契約の定め方によって、自由な設計が可能であるところにその特徴があります。

2006年に信託法が改正され、事業承継に際しても、先代経営者や後継者の希望に沿った財産の移転が可能となりました（図表50）。

図表50　信託を活用した財産の移転

遺言代用型信託	先代経営者が死亡した場合の株式の承継について、帰属権利者を後継者と定めることで遺言の作成に代えることができ、また遺産分割等による経営の空白期間を生じさせないようにすることができる
後継ぎ遺贈型受益者連続信託	経営者が当初の受益者を自分自身と定め（自益信託）、経営者死亡後は第二受益者を後継者として定めつつ、第二受益者たる後継者が死亡した場合には、その受益権が消滅し次の後継者が新たに受益権を取得する旨定めることができる
議決権行使指図権	後継者を受託者と定めつつ、議決権行使の指図権については経営者が引き続き保持する旨を定めることができる。経営者は、議決権行使の指図権を引き続き保持することにより、経営の実権を当面の間は握りつつ、後継者の地位を確立させることができる。また議決権行使の指図権の移転事由などについて、経営者の意向に応じた柔軟なスキーム構築が可能

4.生命保険

先代経営者の死亡時に支払われる死亡保険金には、相続税の計算上、相続人1人あたり500万円の非課税枠があるため、相続税負担の軽減につながります。

また、死亡保険金受取人が受け取った死亡保険金は、原則として遺産分割の対象とはならず、遺留分を算定するための財産の価額にも含まれません。

死亡保険金を受け取った後継者は、これを相続の際の納税資金、代償分割資金、遺留分侵害額請求に対する資金として活用するとともに、分散株式の買い取り、事業用資産の購入等の原資として活用することができます。

会社を死亡退職金の受取人とした場合には、死亡退職金や自己株式買い取りの原資としても活用できます。

5.従業員持株会

従業員持株会は、会社およびその子会社の従業員による会社の株式の取得、保有の促進により、従業員の福利厚生の増進および経営への参加意識の向上を図ることを目的として、一般に民法上の組合として設立されます。

持株会の会員である従業員は、持株会の規約に従って拠出金を持株会に出資します。出資した拠出金は組合財産となり、持株会はそれを原資として会社の株式を取得します。各会員は出資額に応じた持株会の持分を保有することになり、各会員はその持分を持株会の理事長に信託します。これによって持株会が有する株式は持株会の理事長名義になります。株式の議決権は理事長が行使しますが、会員の指示によって異なった議決権を行使することも可能です。株式に対する配当金は持株会理事長名義宛てに交付され、持株会はその配当金を各会員に対しその持分割合に応じて交付します。

先代経営者が従業員持株会に対して自社株式を譲渡する際には、各会員が少数株主であることから、配当還元価額で引き渡すことができ、先代経営者の相続税対策にもつながります。

従業員持株会が所有する株式は普通株式である場合のほか、配当優先無議決権株式（種類株式）にすることもあります。

6.持株会社

後継者が株主となる持株会社を設立し、持株会社が金融機関から融資を受け、この資金によって現経営者から株式を買い取る手法です。持株会社の借入金は、会社から配当を受けて返済します。

先代経営者が死亡した際には株式ではなく現金が相続されるため、遺産分割対策や株式分散を防止できるといったメリットがあります。

一方、現経営者が株式を持株会社に譲渡する際、株価は所得税・法人税法上の株価とされ、一般には個人間における相続・贈与時の株価より高く、また譲渡所得税等を差し引いた手取り額は、現経営者の相続時に相続税の課税対象となります。そのため、持株会社スキームは、相続税の軽減効果は期待できません。

第4章
個人事業の事業承継

1.個人事業の承継における課題と対応

個人事業であっても、その事業承継に際しては、会社形態の場合と同様の課題があります。

もっとも、個人事業の場合は経営者自身が事業を行い、顧客と取引を行い、自ら事業用資産を所有しており、事業承継の3つの構成要素（180ページの「(2)事業承継の構成要素」を参照）のうち、「人（経営）の承継」と「資産の承継」とは表裏一体の関係にあります。

個人事業の事業承継は、会社形態の中小企業のそれと比べて親族内承継の割合が高く、したがって早期に親族内後継者を確保することが重要です。

個人事業においては、経営者個人が事業用資産を所有しており、その6割超が土地・建物です。それらの後継者への承継は、おもに相続・贈与を通じて行われます。

2.税負担への対応

個人事業の事業用資産の承継は、相続・贈与による場合が多く、相続税・贈与税について事前に検討しておく必要があります。

(1)小規模宅地等の評価減特例

個人事業主が所有する事業用資産のうち、土地の割合は約4割を占めており、多くの場合、相続時における「小規模宅地等の評価減特例」が活用され

図表 51　小規模宅地等の評価減特例

宅地等		減額される割合	適用対象限度面積
被相続人等の事業の用に供されていた宅地等	特定事業用（貸付事業以外）	80%	400㎡
	特定同族会社事業用	80%	400㎡
	貸付事業用	50%	200㎡
被相続人の居住の用に供されていた宅地等		80%	330㎡

ています。

「小規模宅地等の評価減特例」とは、一定の宅地等（相続開始直前において被相続人等の事業の用に供されていた宅地等、または被相続人等の居住の用に供されていた宅地等）を相続した場合に、相続税の課税価格から一定の割合を減額する制度です。

宅地等の用途ごとの評価額の減額割合、適用対象となる土地面積の上限は図表51のとおりです。

⑵個人版事業承継税制

2019年に創設された制度で、青色申告に係る事業の継続等一定の要件のもとで、個人事業者が一定の事業用資産の承継に伴って課される相続税・贈与税について、その全額の納税を猶予・免除することができます。2028年12月31日までの贈与・相続により取得した事業用資産（宅地等、建物、一定の減価償却資産）が対象になります。

もっとも、個人版事業承継税制は、特定事業用宅地等の「小規模宅地等の評価減特例」（前ページの⑴を参照）との選択適用であり、同特例を選択するケースが多くなっています。そのため、本税制はほとんど利用されていません。

第5章 専門家への上手な相談の仕方

既述したように、経営者の高齢化に歯止めがかからない状況下で、おおむね60歳以上の経営者に対しては事業承継に向けた早期の計画的な準備を促し、事業承継を円滑に進めることは喫緊の課題です。

「事業承継・引継ぎ支援センター」が各都道府県に設置されるなど、事業承継に対する国の制度が充実するにつれて、金融機関、商工会・商工会議所等が事業承継問題を重視するようになりました。

中小企業経営者の周囲には、金融機関、商工会・商工会議所をはじめとした身近な支援機関、「事業承継・引継ぎ支援センター」やM&A専門会社（仲介者、FA）などの専門的な支援機関など、多種多様な支援機関がそれぞれの立場から事業承継支援業務に関与しています。

このようななかにあって、一番身近で一番頼りにされているのは、顧問である税理士・公認会計士をはじめとし中小企業診断士や弁護士等を含む士業等専門家です。これら士業等専門家に対する経営者の信頼度と期待感は高いものがあります。

調査（図表52）でも、相談相手先として「顧問の公認会計士・税理士」が最も多く、「親族、友人・知人」「取引金融機関」が続いていますが、顧問でない士業等専門家にも相談していることが分かります。

①税理士

顧問契約を通じて経営者・後継者とのつながりが深く、決算・申告業務を通じて会社の財政状況・経営成績を把握しています。経営者向けアンケートでも事業承継相談先のトップに位置しており、相続税に関するアドバイス、自社株評価、贈与税制度の選択、種類株式発行に関するアドバイス等、相続・事業承継に関する幅広い領域にわ

図表 52　事業承継に関する相談相手

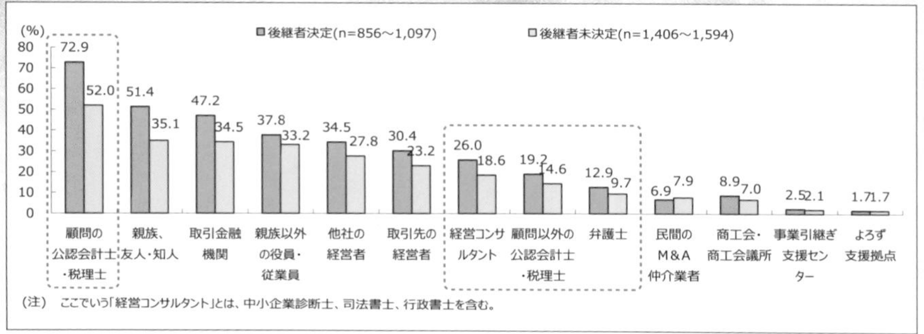

出典：「中小企業白書（2017年版）」、中小企業庁。
第2-2-46図から転載し、実務経営サービスが一部を加工

たって支援をすることができます。

②公認会計士

監査・会計の専門家として、経営状況とその課題の把握（見える化）、経営改善（磨き上げ）等の事前対策はもとより、遺留分問題発生時やM&A時の売買価格の試算等の業務が期待できます。

また、税理士登録をすることにより、①の税理士業務を営んでいる公認会計士も多くいます。

③中小企業診断士

中小企業の経営課題への対応や経営診断等に取り組んでおり、事業承継関連では、事業承継診断、事前承継支援（事業承継計画の策定、後継者教育、磨き上げ等）、ポスト事業承継（PMI）等の役割が期待できます。

④弁護士

事業承継に関し、金融機関、株主、従業員および取引先等の利害関係者への説明・説得などの役割を担います。名義株・所在不明株主への対応、会社の債権債務や経営者保証に関する債権者（金融機関）・債務者との交渉・調整、M&Aの活用等について、法律専門家として事業承継スキーム全体の設計、契約書等の書面作成といった支援が期待できます。

⑤司法書士

商業登記、不動産登記等の専門家として、株式や事業用不動産の承継、M&A、種類株式の活用、民事信託や後見人制度への対応等について支援が期待できます。

士業等専門家はそれぞれ専門分野が

異なるため、各士業の専門分野に見合った相談をすることが、士業等専門家の有意義な活用につながります。

また、同じ士業等専門家それぞれについても得意分野、不得意分野があるため、相続や事業承継に詳しい専門家を見つけることが、経営者・後継者にとっての相続・事業承継対策への近道です。

相続・事業承継を得意分野とする方かどうかは、執筆書籍、講演実績等で判断のうえ、面談して確かめればよいでしょう。

参考資料

「事業承継ガイドライン（第3版）」、中小企業庁、2022年3月

「中小PMIガイドライン」、中小企業庁、2022年3月

「支援者向け事業承継支援マニュアル令和4年度版」、中小企業基盤整備機構、2022年11月

「事業承継に関する主な支援策（一覧）」、中小企業庁、2023年3月

「中小企業白書」、中小企業庁（2021年版、2022年版、2023年版等）

「非上場株式等についての贈与税・相続税の納税猶予・免除（法人版事業承継税制）のあらまし」、国税庁、2023年6月

「中小企業経営者のための事業承継対策（令和5年度版）」、中小企業基盤整備機構、2023年9月

「中小M&Aガイドライン（第2版）」、中小企業庁、2023年9月

相談のコツ：自分の考えをメモにまとめる

士業等専門家に相談する前に、自分が考えていることをメモにまとめておきましょう。メモすることで考えが整理され、専門家に自分の希望を伝えやすくなります。

事業承継について悩んでいること

家族・従業員への思い

【編者プロフィール】

株式会社実務経営(じつむけいえい)サービス

実務経営サービスは、中小企業の経営支援に取り組む会計人の研究会「実務経営研究会」の事務局運営会社です。実務経営研究会は、会計事務所が中小企業にさまざまな支援を行うための研修会を多数開催しており、全国約1500の会計事務所が参加しています。また、会計事務所向けの経営専門誌「月刊実務経営ニュース」を発行しており、優れた取り組みをしている全国の会計事務所を広く紹介しています。

会社名：株式会社実務経営サービス
住　所：〒170-0013　東京都豊島区東池袋1-32-7　大樹生命池袋ビル7F
電　話：03-5928-1945
ＦＡＸ：03-5928-1946
メール：info@jkeiei.co.jp
ＵＲＬ：https://www.jkeiei.co.jp/

相続・事業承継に強い！ 頼れる士業・専門家50選 2024年版

2024年　1月　22日　　第1版第1刷発行

編　者　　株式会社 実務経営サービス
発行者　　高　橋　考
発行所　　三　和　書　籍

〒112-0013　東京都文京区音羽2-2-2
TEL 03-5395-4630　FAX 03-5395-4632
info@sanwa-co.com
https://sanwa-co.com/
編集／制作　株式会社実務経営サービス
印刷／製本　中央精版印刷株式会社

乱丁、落丁本はお取り替えいたします。価格はカバーに表示してあります。
ISBN 978-4-86251-527-8

本書の電子版（PDF形式）は、グーグル、アマゾン、楽天でお買い求めいただけます。